ADAM SOBOCZYNSKI

DAS BUCH DER LASTER

aufbau taschenbuch

ADAM SOBOCZYNSKI ist stellvertretender Feuilletonchef der ZEIT. 2005 erhielt er den Axel-Springer-Journalisten-preis. Schon sein erstes Buch »Polski Tango« wurde mit Applaus begrüßt, während »Die schonende Abwehr verliebter Frauen« furios besprochen wurde als »extrem komisch und elegant, höchst formbewusst und anmutig« (Süddeutsche Zeitung).

Ein Mann, der etwas erfolgreich mit Kultur macht, hat ein Haarproblem. In einer Zeit der androgynen Glätte wirkt seine üppige Behaarung, nun ja, geradezu anstößig. Ein anderer Mann reist mit einer Frau nach Barcelona und findet nicht mehr die Stadt vor, die er noch vor wenigen Jahren so liebte. Samt der 25-jährigen Fremdenführerin. Heute gleicht jede Stadt der anderen, das abenteuerliche Flanieren gehört der Vergangenheit an. Regelrecht geächtet muss sich der Raucher fühlen. Anstelle der Aschenbecher trifft er heutzutage in den Restaurants Kinder an. Stolz werden sie als Trophäen eines gesunden Volkskörpers vorgeführt. Es sind die Gesunden, die Glatten, die Asketen, die den Terror der Tugend verbreiten. Gemüse ist ihr Fleisch. Aber es muss der Verzicht auf das Steak stets mit der Möglichkeit eines Erdbebens verrechnet werden!

ADAM SOBOCZYNSKI

DAS BUCH
DER LASTER

29 AUSSCHWEIFUNGEN

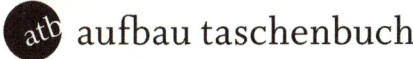 aufbau taschenbuch

ISBN 978-3-7466-2878-3

Aufbau Taschenbuch ist eine Marke
der Aufbau Verlag GmbH & Co. KG

1. Auflage 2012
© Aufbau Verlag GmbH & Co. KG, Berlin 2012
Die Originalausgabe erschien 2010
unter dem Titel »Glänzende Zeiten« bei Aufbau
Umschlaggestaltung/Illustration
Nurten Zeren, zerendesign.com
Druck und Binden CPI – Clausen & Bosse, Leck
Printed in Germany

www.aufbau-verlag.de

Ich leide doch erstaunlich.

Hannes Maria Wetzler

INHALT

1 – Stolz   Seite 9

2 – Freundlichkeit   Seite 17

3 – Helligkeit   Seite 24

4 – Glätte   Seite 31

5 – Gesundheit   Seite 37

6 – Disziplin   Seite 43

7 – Zorn   Seite 47

8 – Rauchen   Seite 53

9 – Wohnen   Seite 60

10 – Flanieren   Seite 67

11 – Schenken   Seite 75

12 – Freiheit   Seite 80

13 – Feiern   Seite 86

14 – Trinken   Seite 92

15 – Mut   Seite 99

16 – Frankreich   Seite 104

17 – Mode   Seite 110

18 – Lachen   Seite 118

19 – Aufstehen   Seite 124

20 – Sex   Seite 131

21 – Kunst   Seite 139

22 – Kritik   Seite 147

23 – Satanisches   Seite 155

24 – Leibesübungen   Seite 161

25 – Magie   Seite 166

26 – Technik   Seite 174

27 – Tiere   Seite 183

28 – Schönheit   Seite 188

29 – Liebe   Seite 195

1 STOLZ

Vor wenigen Monaten wurde das Mehrparteienhaus, in dem ich eine Zweizimmerwohnung angemietet hatte, an eine, ich glaube, britische Immobilienfirma verkauft. Sogleich war der bisherige Hausmeister, ein untersetzter Mann, dem das Alter und der Alkohol zugesetzt hatten, entlassen worden. Er reparierte immer, sobald in der Wohnung etwas zu reparieren war, mit zumindest vorgetäuschter Emsigkeit, wenn man ihm eine Flasche Bier reichte. Rief man ihn zu Unzeiten an, gegen zehn Uhr abends etwa, da eine Sicherung durchgebrannt war, hielt er einen kurzen, aber zornigen Vortrag darüber, dass es in diesem Haus unüblich sei, Waschmaschine und Wasserboiler gleichzeitig in Betrieb zu nehmen. Und gar unüblich sei es, zudem noch zu staubsaugen, gerade zu dieser Uhrzeit, was die Stromleitungen vollends überlastet hätte. Dann tauschte er im Keller mit allen Anzeichen des Unmuts die Sicherung aus.

Der Hausmeister war auf eine herausfordernde Weise untüchtig gewesen, wie aber, bei Lichte besehen, ja alle

Hausmeister auf eine herausfordernde Weise untüchtig sind. Man klagte im Haus über Wasserrohre, die trotz der unter allerhand Verwünschungen betriebenen Reparaturversuche leckten, über eine fehlerhaft eingestellte Zentralheizung und dergleichen mehr. Auch soll es vorgekommen sein, dass ein nur kleiner Schaden, der defekte Stromschalter in der Küche meiner Nachbarin, der ältlichen Frau Hansen, durch einen wütenden Einsatz des Hausmeisters überhaupt erst sich zu einem ganz bedenklichen Schaden auswuchs, so dass unter anderem der Strom des gesamten Hauses über Stunden ausfiel.

All dies aber schmälerte des Hausmeisters Selbstgerechtigkeit keineswegs, sondern befeuerte sie, wie mir schien, nur noch. Auf einen Missstand oder eine seiner Liederlichkeiten angesprochen, erwiderte er knapp, das sei ein altes Haus, die Miete sei niedrig, oder er sagte: Das gehört so. Als sei es nicht irgendeine Leistung oder zumindest Befähigung, die ihn zu seinem Stolz berechtigte, sondern einzig der Umstand, dass er eben der Hausmeister war, so wie einst Adlige keine Rechenschaft abgeben mussten über die Pracht ihres Standes, der Gottes Ordnung gemäß war.

Diese völlig aus der Zeit gefallene Selbstgerechtigkeit, mit der er schlampig sein Werk verrichtete, rührte mich an. Vielleicht auch deshalb, da der Hausmeister gespensterhaft in die Gegenwart hineinragte als sozusagen verlebendigtes Museumsstück, wie eine Skulptur, die sich mit einem Mal regte nach langer Todesstarre, so kam er mir manchmal vor mit seiner im ganzen Haus verhassten Untüchtigkeit. Vollkommen beherrschte er die Kunst, ganz ohne Verdienst stolz zu sein.

Ganz früh morgens muss es gewesen sein, gegen acht (ich hatte kurz und schlecht geschlafen und wollte nur die Zeitung aus dem Briefkasten nehmen), dass ich im Hausflur die Ankündigung über die Entlassung des Hausmeisters und die Einstellung eines »Facility Managers« hinter einer Glasvitrine las, noch von Kopfschmerzen geplagt, da ein alter Freund, der erfolgreich etwas mit Kultur macht und den ich schon lange nicht gesehen hatte, mich am Vorabend besucht und zwei, zu meiner Verblüffung, gar nicht gute Flaschen Wein mitgebracht hatte.

Lange hatten wir in der Küche gesessen, herumgeredet und die zwei unguten Flaschen Wein aus Südfrankreich geleert, wo er drei Wochen lang mit seiner Freundin einen, wie er erzählte, für die Beziehung aus mancherlei Gründen unförderlich langen Urlaub absolviert hatte. Doch sah er auf beinahe anstößige Weise erholt, gebräunt und erschlankt aus, was man von mir nicht behaupten konnte, der ich in einer mühsamen Schreibarbeit verfangen war, einer endlos, wie mir schien, sich in die Länge ziehenden Reportage, die mehrere Zeitungsseiten füllen sollte und die mir für zwei volle Wochen eine von allen mir ansonsten willkommenen Vergnügungen abgewandte Lebensweise aufnötigte.

Womöglich, denke ich mir heute, war es diese mir aufgezwungene, von allen Vergnügungen abgewandte Lebensweise gewesen, die mir das Schreiben zu einer selten erlebten Qual machte. Schrieb ich mit größter Kraftanstrengung halb besinnungslos ein, zwei Absätze in der Nacht herunter, so entdeckte ich bereits am nächsten Morgen darin Ungereimtheiten, furchtbare Entgleisungen, die albernsten Grammatikfehler.

Als größtmöglich denkbare Ausnahme von der Abgewandtheit waren der gerade aus Südfrankreich zurückgekehrte Freund und ich nach den zwei unguten Flaschen Wein auch noch in eine jener Bars gegangen, in der das Rauchen noch geduldet wurde, weshalb an diesem Morgen das ohnehin schon schlechte Gewissen, das mich plagte, deutlich gesteigert und mit Kopfschmerzen angereichert war.

Der Facility Manager, der den Hausmeister ersetzte und gleich für sehr viele Wohnhäuser im Viertel zuständig wurde, die der Immobilienfirma gehörten, sollte sich, ganz wie ich es, als ich vor der Vitrine stand, auch erahnt hatte, als ein junger, vielleicht etwas blasser, aber überaus zuvorkommender Mann entpuppen, der selbst gar nichts mehr reparierte und von dem man auch nicht wusste, wo er wohnte. Einmal nur, ganz kurz, sollte ich ihn sehen, da ein Abflussrohr im Badezimmer verstopft war. Er notierte, an der Wohnungstür stehend, mit dünnen Fingern das Übel und rief dann den entsprechenden Handwerksbetrieb an. Er lispelte leicht, wenn ich mich recht erinnere, was aber keineswegs unsympathisch klang. Effizienz, professionelle Verbindlichkeit, frischer Atem, sehnige Schlankheit waren an die Stelle der schwankenden Laune, der Willkür, des Übergewichts, der Bierseligkeit, des Zorns getreten.

Frühmorgens, mit Kopfschmerzen und einem gesteigerten schlechten Gewissen, stand ich vor der Wandnotiz, und ich weiß noch ganz genau, wie sehr mich die Ankündigung der Entlassung des Hausmeisters, wie um mein Unglück zu vervollkommnen, in die allerentsetzlichsten Gedanken stürzte. Immer wieder las ich, was die Kopfschmerzen natürlich verstärkte, das Wort »Facility Manager«. Diese monströse Geschmacklosigkeit der neuen Berufsbezeichnung, die schon dem Namen nach bereits die vergänglichste und überholteste war! Warum nur hat man den untüchtigen Hausmeister – nicht nur, dass man ihn entließ – auch noch umbenannt?, fragte ich mich, als ich vor dem Aushang stand. Weil es ein Gewaltakt ist, sagte ich mir. Weil Gewalt ja die Leute immer so befriedigt. Namen, die geändert wurden, zeugten immer von furchtbaren Verheerungen, aus St. Petersburg wurde Leningrad, aus der Poststraße die Horst-Wessel-Straße, aus dem Hausmeister wurde der Facility Manager.

Würde man die Stadt, in der ich wohnte, bald umbenennen? Würde ich selbst bald umbenannt werden, da mein Nachname irgendwann irgendwem zu sperrig klang?

Überall, dachte ich, wird das Unwirsche, das Untüchtige, das Zornige abgeschafft, was mir, da ich mich auch in mancherlei Hinsicht, wenn auch nicht auf des Hausmeisters Weise, als unwirsch, untüchtig und zornig dachte, ganz und gar empörend erschien. Ganz langsam zunächst, aber dann doch, wie man im Nachhinein ja auch sieht: sehr zielstrebig, wurden, sagte ich mir, die kleinen Fluchten des Alltags, die Nachlässigkeiten, der menschliche Makel aus unserem Leben verbannt. Ich rauchte und sollte bald in keiner Kneipe mehr rauchen dürfen. Ich mochte es eher dunkel und verwegen, dachte mir die Stadt immer als einen Ort des Abenteuers, in dessen Seitenstraßen die schönsten Mätressen warten, da tauchten auch schon die hell erleuchteten, jede Ahnung eines Schattens vernichtenden Einkaufszentren auf, die alles Zwielichtige immer und überall zerstörten. Ich begriff mich als höflichen, eher zurückgenommenen Menschen, doch es schlug mir nicht selbstverständliche Höflichkeit entgegen, sondern allerorts jene berüchtigte Service-Sprache, das laute, jeden empfindsamen Menschen erschreckende »Aber gerne!«, wenn man sich einen Kaffee bestellte, das beständige, jedes gesunde Maß überschreitende Wünschen eines schönen Tages sogar an der Frittenbude, in der neuerdings auch noch gelächelt wird, usw.

Die Leute, dachte ich, die sind so, die wissen es nicht anders. Die denken, ist doch schön, wenn ich nicht mehr Journalist, sondern Content Manager heiße. Ist doch schön, wenn ich nicht mehr Vermögensverwalter heiße, sondern Asset Manager, und ab jetzt lächle, wenn's der Chef mir sagt.

Alles Ständische und Stehende verdampft. Rosi's Haarstudio, das die alten Damen meiner Straße mit ihrem Gehstock immer in lustig anzuschauendem holprigem Eifer aufsuchten, war, wie mir nun einfiel, kürzlich einem windigen Händler gewichen, der den jüngeren Bewohnern der Gegend, was die älteren aufs Äußerste verwunderte, ganz und gar gewöhnliche, aber etwas abgenutzte Möbel aus den 60er und 70er Jahren als Antiquitäten verkaufte. Asiaten, die Sushi servierten, verdrängten nach und nach die Türken mit ihrem hochkalorischen Döner. Die Welt ist freundlicher geworden, heller, glatter und gesünder, während ich immer älter (Mitte dreißig), faltiger (unter den Augen) und mürrischer (morgens) werde.

Das ist nicht gut, sagte ich mir jetzt, sich in die Dinge so hineinzubohren. Übertreib nicht!, sagte ich mir noch und war schon auf dem Weg in meine Wohnung, um trotz der Kopfschmerzen frühmorgens meine Schreibtätigkeit wiederaufzunehmen. Da aber auch der Ekel eine wenngleich verderbliche Anziehungskraft hat, machte ich noch einmal kehrt und stellte mich wieder vor den Aushang, murmelte »Facility Manager« und empfand die ganze Niedertracht der Immobilienfirma, die gewiss nicht nur dieses Haus, sondern den ganzen Straßenzug aufgekauft hat, wenn nicht die halbe

Stadt, um überall die untüchtigen Hausmeister zu entlassen. Ich sah die Angestellten der Immobilienfirma, wie sie mit hässlich zuckender Oberlippe vor ihren Listen saßen. Wie sie mit Lineal und Rotstift fein säuberlich die untüchtigen Hausmeister wegstrichen, hier Herrn Hammerschmidt wegstrichen und da Herrn Mayer wegstrichen. Ich sah meinen Namen auf einer der Listen. Fein säuberlich wurde er unter höhnischem Gekicher weggestrichen von einem der Angestellten.

Ich entsinne mich nicht mehr, wie lang ich noch vor der Vitrine stand auf derart entrückte Weise und mich in die Dinge so schadhaft hineinbohrte. Ich weiß aber noch, dass ich manchmal den Entlassenen vor dem Hauseingang oder im Hausflur noch traf, keineswegs gramgebeugt war er, wie ich vermutet hatte, noch immer in einen Blaumann gekleidet und, ganz wie vormals, mit dem in seinem Berufsstand üblichen unverschämten Gesichtsausdruck.

2 FREUNDLICHKEIT

Günstig war der Flug, der mich und die Frau, die mich gut kennt, im letzten Sommer nach Barcelona brachte. Wären die Hitze und die architektonischen Entgleisungen Antoni Gaudís nicht gewesen, die daran erinnerten, dass man sich tatsächlich in Barcelona befand, man hätte meinen können, wir wären gar nicht verreist. Die Trams waren von derselben schnittigen Bauart wie zu Hause, in den Cafés saßen Freelancer mit ihren dickrandigen Brillen an Notebooks und Lesegeräten, die sich so geheimnisvoll und so magisch mit dem Zeigefinger auf dem Display bedienen lassen. Im Taxi vom Flughafen erspähten wir auf der Autobahn ein Schild eines Möbelgeschäfts, das uns sehr vertraut war. Die kleinen weißen Plastikkarten, die die Schlüssel in Hotels abgelöst haben, glichen vollkommen denjenigen in Wuppertal oder Frankfurt, selbst die Toilettenschüssel und Armaturenbretter im Badezimmer waren vom selben Fabrikat wie in meiner Wohnung. Das womöglich allerletzte Distinktionsmerkmal des Südens gegenüber dem Norden, so schien es mir, war die deutlich höhere Verbreitung des Bidets.

Alles Halbseidene der Stadt, das ich meinte vor zehn Jahren, während meines letzten Besuches, noch erblickt zu haben, war vertrieben worden: die kleinen Ganoven in den Seitenstraßen, die sich dem Glücksspiel hingebenden Rentner in Tabakläden, die Hausfrauenprostitution in den Gassen, die man der sittlich empfindsamen Besucher wegen unterdrückt hatte. Die Sprache war jene abgezweckte, die man aus jeder dem Tourismus verpflichteten Großstadt kennt: allerorts jenes beharrliche »You are welcome!« und »Have a nice day!«. Eine Freundlichkeit, die keine mehr war. Keine jedenfalls mehr des Überflusses, des Spiels, der Unbeschwertheit. Sie entsprang nicht neugieriger, unbedarfter, bisweilen fremdsprachenunkundiger Gastfreundschaft, sondern diente dem Tauschgeschäft.

Noch vor zehn Jahren, sagte ich zu der Frau, die mich gut kennt, während wir auf der Rambla dels Caputxins herumspazierten, war das anders. Vor zehn Jahren hatte ich mich eines späten Nachmittags in Barcelona verirrt. War ich auf der Suche nach diesem Kloster mit den etwas schlichten Skulpturen, die Fische und Vögel darstellten, am Hauptportal, das wir gestern besichtigt haben? Egal. Eigentlich weiß ich auch gar nicht mehr, ob es in Eixample oder Gràcia oder El Raval gewesen war, dass ich mich – mit meinem Stadtplan eindeutig als Tourist erkennbar – erschöpft und verschwitzt mit, wie ich mir heute denke, verwirrtem Gesichtsausdruck an eine Hauswand lehnte, als sogleich ein älterer Herr mir nicht nur den Weg wies, den ich vergeblich gesucht hatte, sondern mit einer Geste, die keinen Widerspruch duldete, nachdem wir etwas ins Gespräch gekommen waren, mich in sein Haus einlud, das ich als das prächtigste in Erinnerung behalten habe und in dem mir nicht nur, sagte ich, die aller-köstlichsten Speisen in fünf Gängen vorgesetzt wurden und der kostbarste Wein, sondern zur vollständigen Abrundung des Abends sogar, wenn mich nicht alles täuscht, die unge-heuer hübsche 25-jährige Tochter, die aufreizend am Tür-rahmen lehnte und mich neugierig anblickte, auf verbind-liche Weise zur Gesellschafterin des Nachtlebens ans Herz gelegt wurde.

Das ist heute undenkbar, sagte ich. Heute sind alle auf ganz gleichförmige, ganz erwartbare Weise freundlich, aber die 25-jährige Tochter wird einem nicht mehr ans Herz ge-legt! Heute wird die alle Beziehungen durchwebende Eigen-liebe nicht mehr galant verborgen, sondern offen zur Schau gestellt. Das ist das Gegenteil von Schönheit. Das Schöne, sagte ich, ist immer das Überflüssige. Die Gastfreundschaft, die ich vor zehn Jahren erfuhr, war ja im Grunde auch ganz und gar überflüssig.

Überfluss ist Luxus, sagte ich zu der Frau, die mich gut kennt, während wir die Rambla dels Caputxins auf- und ab-gingen. Überflüssig waren die vergoldeten Säle einst, die Teeräume, in denen man die Zeit verplemperte, das Geld verjubelte, mit Garderobe protzte. Jeder Luxus, sagte ich,

19

ist nach Maßgabe der Rechenschieber unvernünftig und dumm. Luxus ist eine Geste, die uns die Illusion abringt, dass sie keine Gegenleistung verlangt. Luxus ist eine sozusagen unerwartete Geste, zu der jene Schmeichler unfähig sind, die immerzu »Aber gerne!« sagen.

Immer wurde einem geraten, in allen Benimmbüchern vergangener Jahrhunderte, sich von dem leicht zu durchschauenden Schmeichler fernzuhalten, hinter dessen Worten und Handlungen die Absicht steht, zu gefallen und einen dergestalt zu überlisten. Wir alle sind vielleicht im Abgrunde unseres Herzens Schmeichler, sagte ich, während wir die Rambla dels Caputxins auf- und abgingen. Mag sein, dass sich noch in die großherzigste Offerte, in den Blick jedes Verliebten eine Spur von Eitelkeit mischt, aber gerade dann sollten wir niemals auf gleichförmige und erwartbare Weise freundlich sein.

Die ganz und gar gleichförmige und erwartbare Freundlichkeit, sagte ich, die einem überall entgegenschlägt, ist es, die einem jeden Urlaub verdirbt und, wenn man es recht bedenkt, eigentlich auch schon das Leben zu Hause. Einige Wochen vor der Reise nach Barcelona hatte ich am Hauptbahnhof ein Plakat erblickt, das Teil einer städtischen Kampagne war. Abgebildet war eine große Sprechblase, in ihr stand »Wat kiekstn so, Fatzke«, was ironisch gemeint war. Berlin sollte durch Flyer, Aufkleber und Poster freundlicher werden. Ein Senatssprecher, wie ich dann wenige Tage darauf in einem Artikel mit Schrecken las, frohlockte: Man sei auf dem Weg zu einer Service-Stadt. Es ist schon so weit, sagte ich noch, dass ich richtig hässliche Zudringlichkeiten, die mir widerfahren, Flüche, sogar Tätlichkeiten der gleichförmigen und ganz und gar erwartbaren Freundlichkeit vorziehe.

Ich erinnerte mich, während wir die Rambla dels Caputxins auf- und abgingen, an ein flüchtiges Bild der Kindheit: Aus kühner Lust an Reizung war ich eines Nachmittags in die Bäckerei unserer Straße getreten und hatte der Bäckerin gesagt, dass ihre Brötchen nicht schmeckten (mein Vater hatte dies, womöglich nicht einmal ernst gemeint, beiläufig am Küchentisch beklagt). Sie hatte die Arme verschränkt und mit überraschender Schärfe gesagt, ich solle augenblicklich das Geschäft verlassen, niemand zwinge mich, hier einzukaufen, ich solle nicht auf die Idee kommen, mich noch einmal blicken zu lassen, usw. Erblasst ging ich hinaus. Es bedurfte, wie man leicht begreift, des diplomatischen Aufwandes meiner Eltern, um die Ehrverletzung zu sühnen. Die völlig geschäftsuntüchtige Bäckersehre aber war nur die wunderbare Kehrseite der überschwänglichen Gastfreundschaft, die mir in Barcelona vor zehn Jahren zuteil wurde.

Ich mag auf der Rambla dels Caputxins im vergangenen Sommer, auch aus Gründen, die hier nichts zur Sache tun, hier und da die Dinge, wenn auch nur unwesentlich, zugespitzt haben, doch scheint es mir tatsächlich, als sei

Freundlichkeit einst dem Muster der Erotik gefolgt. Sie war eruptiver Natur, war geizloser Überfluss. Bisweilen musste sie erst zögerlich entkleidet, musste erobert, der keuschen Höflichkeit, dem Zeremoniell abgerungen werden.

Das Rohe ist immer intim, wir lassen es nur vertrauensvoll zu, jede ungewollte Umarmung beschmutzt. Der Stalker bedrängt mit Blumensträußen die sich Sträubende. Jene von Kämmerern geplante Herzlichkeit aber, die einem noch in der entlegensten Tankstelle entgegenschlägt, würdigt jeden Bürger zum Kunden herab. Der Kunde wiederum entfaltet sogleich jenes hässliche Anspruchsdenken, das ihn eine erworbene Platzreservierung im Zug als Menschenrecht begreifen lässt. Er toleriert eine menschliche Nachlässigkeit der Erzieherin im privatisierten Kindergarten, den seine talentierte Tochter besucht, nicht mehr. Dem Standesbeamten nötigt er jene feierliche Stimmung ab, mit der seine Service-Stadt wirbt. Unerlöster Zorn ist auf beiden Seiten der Front.

Der Mensch ist immer und überall ein Verstellungskünstler. Er vermag es, einmal sich der Gabe der Verstellungskunst bewusst geworden, fein oder grob zu täuschen. Mit Ehre oder mit Gier. Mit gerechtem Zorn oder feiger Freundlichkeit. Mit der Fülle seiner Ausdrucksmöglichkeiten oder mit geschäftstüchtiger Abgerichtetheit. Mit dem Takt des aufmerksamen Verführers oder mit der rohen Aufdringlichkeit des Zukurzgekommenen.

Taktlos ist jene Freundlichkeit, die ihren Zweck vulgär verrät. Sie ist roh, wie sie auch Rohheit gebiert. Wenn wir Schauspieler sind durch und durch, in nahezu jeder Faser unseres Daseins, wenn die Maske unsere zweite Natur ist, dann zeigt sich Freundlichkeit, der wir mit Freude verfallen, nur wie selbstvergessen.

3 HELLIGKEIT

Meine Jugend war unfassbar düster. Ich erinnere mich noch genau an den außerhalb des Bauernhofs gelegenen Abort meiner Großeltern, zu dem ich mich nachts nur mit namenloser Furcht hinbewegte, da keine Lampe den Schotterweg beleuchtete. Ich erinnere mich an die Höhlen aus Holzstöcken und Decken, die ich mir im Zimmer provisorisch baute, um darin mich zu verstecken vor der herannahenden Erwachsenenwelt. An die dunkelsten Unterführungen und Hinterhöfe, in denen Tore geschossen wurden, bis die Nachbarn aus den Fenstern lugten und sich lauthals über das Ballspiel beschwerten, an die holzvertäfelten Kneipen der Pubertät, an darin von Kerzenlicht bestrahlte Gesichter, denen jede Glühbirne die Schönheit geraubt hätte. Im Kerzenlicht konnte, so die Hoffnung, Sabine, die in der Schule einen Jahrgang über mir und für alle unerreichbar war, weder Akne noch Fahrigkeit erahnen.

Ja, so finster war es noch vor nicht einmal zwanzig Jahren, dass man, wie sich jeder erinnert, das Haus nach dem

Abendessen immer nur mit einer Taschenlampe verließ, wie sie auch schon an manchen wolkenverhangenen Tagen überaus nützliche Dienste tat. In den Geschäften hingen 20-Watt-Glühbirnen, wenn überhaupt, weshalb man das Paar Schuhe, das man sich zuzulegen gedachte, zunächst tastend begutachtete und es sich dann ganz nah ans Gesicht hielt, um es beschauen zu können. Die Decken der Wohnzimmer waren, den Kneipen gleich, mit Holz verkleidet, auf der Wandtapete sah man den Schwarzwald, der Teppich war, als einziger Lichtblick im restlichen Inventar, von einem nicht allzu dunklen, melierten Grau.

Ja, selbst noch das Einkaufszentrum unserer Stadt, die sich rühmen konnte, eines der ersten Einkaufszentren Deutschlands überhaupt zu haben, das man auf einem von schweren Luftangriffen zerstörten Gelände errichtet hatte (auf welchem zuvor das Artillerie-Depot des VIII. preußischen Armee-Korps stand), wurde zu einem Tempel der Helligkeit erst nach entschiedenen Renovierungen späterer Jahre, indem alles Nichtgleißende und Nichtspiegelnde in den Innenräumen mit Eifer abmontiert wurde und es nunmehr darin einem scheint, als sei die Schrecksekunde des Blitzlichts verewigt. Heute zeugt nur noch die in ganz unzeitgemäßem Braun gekachelte Außenfassade von der dunklen Vergangenheit.

Im Leben gibt es bekanntermaßen Zufälle, die man niemals in einem Roman oder Film darstellen würde, da sie als viel zu unwahrscheinlich angesehen würden. Als viel zu un-wahrscheinlich, um es zu erzählen, muss jedenfalls zweifel-los angesehen werden, dass ich Sabine, die in ihrer Schulzeit für alle unerreichbar war, beinahe fünfzehn Jahre später in einer ganz anderen Stadt, in einem mir bis heute unfass-lichen Zusammenhang wiedertraf.

Der Freund, der erfolgreich etwas mit Kultur macht, hatte vor längerer Zeit am Telefon, nach einer ihn aufs Äu-ßerste belastenden Phase der Beziehungslosigkeit, während der er in den unglücklichsten nächtlichen Unternehmungen auf Abhilfe seines Status drängte, in entrückter Weise von einer ihn auf der Vernissage eines Künstlers, der (in Fach-kreisen durchaus gerühmte) düster-surreale Bilder malte, anlächelnden Frau gesprochen, die er, entgegen seinem ge-wohnt forschen Auftritt, sich anzusprechen nicht traute. Sabine selbst hatte ihn angesprochen, als die beiden schließ-lich wie ganz zufällig und in ernsthafter Versenkung ge-meinsam vor einem Bild standen, das einen Raben am Strand zeigte, der auf eine ganz verlorene Weise vor wolken-verhangenem Himmel im Sand herumpickte. Auch auf den anderen Bildern in den Ausstellungsräumen sah man Strände, mit jeweils unterschiedlichen Tieren, die lagen, kro-chen oder standen.

Wie Leonora Carrington, sagte Sabine nur, den Raben be-trachtend. Ganz geistesabwesend und wie nur zu sich selbst, woraus sich aber rasch ein Wortwechsel entspann, zunächst

Kunstgeschichtliches betreffend, der, sozusagen umstandslos, wie man im Rückblick weiß, in eine langjährige Beziehung mündete.

Es war, wie sich denken lässt, als ich das Paar vor einigen Jahren in einem Café verabredungsgemäß traf, in dem vorzugsweise Salat mit hauchdünnen Ziegenkäsescheiben serviert wurde und das von gleißend heller Innenbeleuchtung geprägt war, die Überraschung natürlich mehr als groß. Wir erkannten uns sogleich wieder und standen mit weit aufgerissenen Augen voreinander, was der Freund, der erfolgreich etwas mit Kultur macht, unwissend, wie er war, nur mit erheblichem Stirnrunzeln kommentierte. Sie hatte sich kaum verändert, gewiss hier und da ein Fältchen, ansonsten: dasselbe, schon vor fünfzehn Jahren alle ihre Mitschüler verwirrende, ganz helle, ganz stark an Porzellan und entsprechende Puppen erinnernde Gesicht.

Es war jedenfalls, um den Exkurs zu vollenden, dieses ganz unwirklich grell ausgestrahlte Café gewesen, in dem mir überhaupt erst klar geworden ist, wie sehr sich die Welt doch aufgehellt hat. Das letzte Mal, als ich Sabine getroffen hatte, war es so dunkel gewesen, dass man sich in der Kneipe, die wir aufgesucht hatten, betasten musste, um sich zu erkennen. Damals, dachte ich, war ich kaum zu sehen gewesen. Jetzt saß ich wie ausgezogen vor ihr.

Hatte ich zugenommen seither?, fragte ich mich. Nur ein bisschen, sagte ich mir. Unmerklich. Das kommt vom bewegungsfeindlichen Schreiben. Wunderte sie sich über meine Augenringe, die, wie ich noch heute denke, vom schadhaften Sich-Hineinbohren in die Dinge herrühren? Ausgerechnet die vergangene Nacht hatte ich noch arg spät an einem Porträt über einen Soziologen gesessen, der über die gesellschaftliche Rolle des Alkohols forschte, ein mir aus mancherlei Gründen interessanter Gegenstand. Der Artikel ging mir gar nicht gut von der Hand. Ganz spät hatte ich noch an dem Artikel gesessen, panisch die schlimmsten Schlampigkeiten darin entdeckt, durch Umstellen einiger Passagen hektisch ihn noch zu retten versucht usw. und dann sehr schlecht und kurz geschlafen. Wie vernichtet, dachte ich, sitze ich vor Sabine, während sie die Zeit, wie mir schien, unberührt gelassen hat, abgesehen von den ganz feinen Fältchen, vor allem an den Mundwinkeln.

Früher hätte mich Sabine nur an der Stimme erkannt oder durch Betasten, was ja ein übliches Verfahren war, um sich zu vergewissern, wer vor einem saß. Jetzt, sagte ich mir, ist, damit es nicht einmal mehr Rückzugsräume gibt, damit man sich gar nicht mehr verstecken kann, auch noch alles gläsern geworden. Wir saßen natürlich an einer gläsernen Fensterfront des Cafés, die das Innere vom Äußeren nur unmerklich trennte. Passanten blickten uns wie etwas unspektakuläre Zootiere beiläufig an. Dieses Café ist gläsern, dachte ich, die Hochhäuser sind gläsern, die Bürotüren in den Hochhäusern sind gläsern, das Parlament hat eine durchsichtige Kuppel. Restlos demokratisiert, dachte ich noch, sind die Räume, die keine Deckung mehr bieten vor dem Blick des Nächstbesten.

Es muss etwa ein Jahr nach dem Treffen in dem unwirklich grell ausgeleuchteten Lokal gewesen sein (in das überdies noch die Sonne hineinschien), dass ich in einem Buch las, wie stark doch einst der Widerstand gegen das künstliche Licht gewesen war. Die Straßenlaternen, als sie der absolutistische Herrscher einst mit Seilen zwischen die Häuser hängen ließ, wurden mit Steinen beworfen. Finster waren die Nächte zuvor gewesen, nur kleine Lampen an den Häusern hatten den Wächtern der Stadt etwas Orientierung geboten. Der Fürst erleuchtete sie mit einem Mal, es strahlte der Sonnenkönig noch zur Schlafenszeit auf sein Volk herab, sein Blick drang noch in die letzten Nischen, was man sich nicht bieten ließ. In den ersten Revolutionswochen hängte man seine Anhänger dann wie selbstverständlich an jene Vorrichtungen, an denen zuvor die Laternen der Macht hingen. Und auch in den späteren Straßenkämpfen des 19. Jahrhunderts war die Laternenzerstörung beliebt. Sie war das Pendant zum Barrikadenbau aus Pflastersteinen: Wo dem Gegner nicht der Weg versperrt wurde, da nahm man ihm die Sicht. Der Kampf gegen das künstliche Licht war ein Kampf gegen die Kontrolle des Herrschers, gegen die Erspähung des Körpers, gegen die Enttarnung des Partisanen.

Das künstliche Licht ist erbarmungslos und eindeutig: Jede Falte wird sichtbar, Ringe unter den Augen, die ungesunde Blässe des Kranken, die Adern des Säufers. Hervorragend geeignet für Verhöre ist die grell scheinende Lampe, die man dem Inhaftierten ins Gesicht hält, ihm so lange den Schlaf raubt, bis er gesteht. Und ich weiß noch sehr genau, wie ich, als wir in dem ganz grell ausgeleuchteten Café herumsaßen, nur mühsam ins Gespräch findend, mir wünschte, dass die menschenfreundliche Nacht über uns hereinbreche. Die Nacht, die unser Alter verheimlicht und das verwischte Make-up, die krummen Beine und den über die Jahre keck angewachsenen Bauch, die unschön gekräuselten Haare am Körper, auch die, die aus der Nase wachsen.

Alles, was man nur in Schemen sieht, ist schön.

4 GLÄTTE

Ich fand in einer Schublade, als ich meine Wohnung auf-räumte, ein altes Handy, das so alt gar nicht war, ich hatte es jüngst erst durch ein Smartphone ausgetauscht. Ich hielt das alte Handy verwundert in der Hand. Es schien einem anderen Zeitalter entsprungen. Schwer war es, klobig sah es aus. Als ich es einschaltete, war die Anzeige grobkörnig und grünlich, die Tasten ragten ungelenk aus dem Gehäuse, die mein neues Gerät gar nicht mehr hat. Es gleiten heute die Finger sanft über den bunten Tastschirm. Je älter ich werde, desto glatter werden die Geräte, schöner, klassischer, wohlgeformter. Wie rasch sie auch wieder ausgetauscht werden, es haftet ihnen neuerdings unsterbliche Vollkommenheit an wie der Nike von Samothrake.

Dass man auf Anhieb nicht mehr sagen kann, welcher Marke ein Wagen ist, der an einem vorbeigleitet, wo man früher als nahezu Blinder den Opel vom Audi unterscheiden konnte, da die ungleichen Kanten und Wölbungen sie unverwechselbar machten, ist der Stromlinienförmigkeit geschuldet, die man zur Richtschnur für alles Gegenständliche erhob. Mit ihr ist alle Mechanik verstummt. Dass ich das Fenster während einer ratternden Zugfahrt noch öffnen konnte, dass ich die ungeheure Gewalt der Waggons hörte, die harte Reibung der Räder, den fliegenden Sommer roch – all das scheint mir einem längst vergangenen Zeitalter anzugehören.

Es rumpelten und ächzten ja überhaupt alle Geräte und Gegenstände, die man so im Dämmerlicht bediente. Die Plattenspieler knisterten, die Türen quietschten, man hörte die Klospülung des Nachbarn. Heute surrt ganz leise die Klimaanlage im Zug, die Fenster in den Großraumwagen lassen sich nicht öffnen, kein Kopf, der im Fahrtwind mehr hinausragt in die Landschaft aus einem dunklen Abteil.

In alten Science-Fiction-Filmen erblickte man einst die grobe Richtung zur Generalsanierung der Welt, die man Jahrzehnte später verwirklichen sollte: Die Monitore im Raumschiff waren zwar noch gewölbt, schwarz-weiß flackerten die Bildschirme, aber die Geräte surrten bereits, auf den metallisch glänzenden, den kurbel- und wählscheibenfreien Armaturenbrettern der erleuchteten Schaltzentrale blinkten schon die Knöpfe digitaler Eleganz.

Schrecken und Faszination zugleich erzeugte einst die Technik. Aus den ersten Zügen, die mit lächerlicher Geschwindigkeit die Landschaft streiften, sprang manch Verwirrter, völlig überwältigt von der Fahrt, benebelt hinaus und brach sich zumindest das Schlüsselbein. Mit Technik verband man das berstende Geräusch der aufschlagenden Bombe, den Materialkrieg, den laut aufheulenden Motor, die dampfende Lok.

Mehr noch aber als von der Monstrosität der alten Maschinen, die ganz offenkundig als das Andere, das dem Menschen Entfremdete in Erscheinung traten und ihn fürchten ließen, werden wir heute von ihrer Eleganz überwältigt. Uns strahlt ein Ebenmaß an, dem das niemals erreichbare Ideal des Körpers entspricht.

Kürzlich erst, auf einer folgenreichen Party, traf ich den Freund, der erfolgreich etwas mit Kultur macht. Der Freund hat sehr viele, sehr dunkle Brusthaare. Kein Hemd vermag sie zu verbergen. Sie beulen es aus und sprießen aus dem Hemdkragen. Auch seine Hände sind behaart, er hat sehr dunkle Locken und passenderweise einen Bart. Auch aus den Ohren wachsen ihm kleine, lustig anzuschauende Löckchen. Ein sehr haariger, sehr bärtiger Mann also, nach dem die Frauen sich früher immer so gesehnt haben. Der schöne Mann war ja immer der behaarte Mann, wovon noch die frühen James-Bond-Filme mit Sean Connery zeugen. Auf den behaarten Mann legte sich die Frau, zu ihrer großen Freude, immer wie auf eine weiche Wiese.

Schwer zu sagen, weshalb wir auf sein Haarproblem zu sprechen kamen. Es war spät, wir hatten ein paar Gläser Rotwein getrunken, hatten vergeblich nach Gabeln gesucht, um die Polenta, die in großen Schüsseln herumstand, zu essen, keine gefunden, und kamen dann auf sein Haarproblem zu sprechen. Vielmehr, er selbst ist, glaube ich, auf sein Haarproblem zu sprechen gekommen. Ganz unvermittelt sagte der Freund nämlich, dabei blickte er kurz, aus Sorge vor Mithörern, um sich, er habe zu viele Haare. Ich wisse ja bestimmt, sagte er, alle Männer rasierten sich neuerdings die Haare vom Kinn an abwärts oder ließen sie weglasern. Sabine, seine Freundin, sagte der Freund, der wenige Tage zuvor seinen 38. Geburtstag gefeiert hatte, sei es ganz egal, dass er so viele Haare habe. Sie möge ihn, habe sie ihm kürzlich gesagt, so, wie er eben sei. Dieses »wie er eben sei« habe ihn aber doch gleich misstrauisch gemacht. Er vermute eine still anwachsende Unzufriedenheit. Sie habe zudem halb im Scherz und wie geistesabwesend, als sie gemeinsam lesend im Bett herumlagen, noch hinzugefügt, er sei schon ein richtiges Haarwuchswunder. Das gehe ihm nicht mehr aus dem Kopf. Haarwuchswunder! Er aber, sagte der Bekannte mit, wie mir schien, jetzt wirrem Stolz und lauter als beabsichtigt, werde sich die Haare niemals abrasieren. Niemals! Das sei unmännlich.

Ich rasiere mir auch nicht die Haare, aber ich habe auch gar nicht so viele, ganz wenige kräuseln sich hier und da. Aber ganz unauffällig und zurückhaltend! Und im Dunkeln sieht man sie gar nicht. Ich bin sozusagen ohne mein Zutun in das neue Schönheitsideal der Glätte hineingewachsen. So, wie manche Männer jahrzehntelang eine völlig aus der Zeit gefallene Röhrenjeans tragen, bis sie mit einem Mal, zu ihrer großen Überraschung, wieder der allerneuesten Mode entspricht.

Ich kenne übrigens niemanden mehr, der einen Teppich hat. In meiner Kindheit lief man ja immer nur über ganz weiche Teppiche. Zieht ein Paar in eine neue Wohnung, in der womöglich noch der Teppichboden des verstorbenen Vormieters ausliegt, dann wird es diesen mit größter Emsigkeit entfernen. Die Frau, mit Mitte dreißig zur ersten Schwangerschaft finster entschlossen (weshalb es sich hier vorsorglich auch um eine Vierzimmerwohnung handelt), wird mit Ekel von Milben sprechen, die sich im Teppichboden bestimmt eingenistet hätten. Es riecht so komisch!, wird sie sagen und einigermaßen theatralisch die Nase rümpfen. Ihr Freund wird daraufhin, aufgrund diverser Erfahrungen in dieser bislang nicht ganz störungsfrei abgelaufenen Beziehung, nicht den Hauch eines Zweifels anmelden und sogleich nicken, dann den Teppichboden, was übrigens eine Hundsarbeit ist, da er vor Jahrzehnten mit einem Spezialkleber, der heute diverser Gifte wegen gar nicht mehr verkauft wird, befestigt worden war, vom Holzboden ablösen und diesen mit der absonderlichsten Hingabe abschleifen, lackieren, polieren usw.

Der Fernseher, den ich erst vor wenigen Wochen abgeschafft habe, da er eines Abends, statt den Tatort zu übertragen, nur ungesund vor sich hin brummte, hatte noch diese bierbauchförmige Glaswölbung, die dem menschlichen Körper ähnelte und damit schmeichelte. Das Gerät, vor dem man saß, war eben nicht sonderlich perfekt, das tröstete und ließ einen mit wenig schlechtem Gewissen in die Chipstüte greifen. Spiegelglatt sind heute die Fernseher, die Handys, die Böden, frei von jeder Verzierung neue Häuser, gestrafft werden der Bauch und die Mundwinkel (was verzeihlich ist), rasiert wird die Brust, gemäht wird nur nicht mehr so häufig der Rasen, wenn mich nicht alles täuscht. Aber das soll uns an dieser Stelle egal sein.

5 GESUNDHEIT

Der Kampf um die Gesundheit ist der Kampf gegen den Zufall. Orangensaft morgens, zufriedenstellender Stuhlgang, danach Leibesübungen im Park, ein fleischloses Mittagessen, drei Stunden später ein halber Apfel, abends etwas Bettlektüre und gedünsteter Fisch, schließlich, da ja auch dies, wie die Ärzte sagen, so gesund sein soll, noch der halbwegs beherzte Vollzug fleischlicher Pflichten mit der Frau. Dann, auf dem Weg zur Toilette, kurz vor dem verdienten Schlaf, stolpert der Mann, den wir vor Augen haben – nennen wir ihn Andreas – über den an diesem Abend unglücklich gewellt herumliegenden Läufer im Wohnzimmer, der das Parkett recht eigentlich zur Geltung bringen soll, krallt sich im Fall mit der Rechten ans Bücherregal, das aber, da die Umzugshelfer (darunter ein ehemaliger Hausmeister) seinerzeit liederlich gearbeitet haben, gar nicht mit den zu diesem Zweck eigens hergestellten Winkelchen und Schräubchen an der Wand befestigt ist und dergestalt ungünstig umkippt, dass nicht nur die Bücher, die auch schon schwer genug sind, um einen ernstlich zu verletzen, Andreas begraben, sondern aus-gerechnet das schwere und unförmige Erbstück der Groß-eltern, eine Messingvase, die eben noch ganz oben auf dem Regal herumstand, ihn tödlich an der Schläfe trifft. Es kann so schnell gehen. Bei aller Selbstgeißelung, die man sich auferlegt, muss man sich immer ernstlich fragen, ob sie den Aufwand lohnt. Es muss der Verzicht auf das Steak stets mit der Möglichkeit eines Erdbebens verrechnet wer-den.

Gewiss, alles ist eine Frage des Maßes, so auch die Pflege des Körpers. Morgens, mittags und abends Grillfleisch zu essen macht unförmig und herzkrank, so gut es einem auch schmeckt. Vor 100 Zigaretten am Tag wird der militanteste Raucher warnen, vor 100 Pralinen am Tag die glühendste Aktivistin der Big-and-Beautiful-Bewegung. Nur selten mehr zu trinken als eine Flasche Wein am Abend ist eine Faustregel, die sich zwar nicht reimt, aber die man sich trotzdem gut merken kann.

Viel wurde in meiner Studentenzeit bereits über den Bio- und Gesundheitswahn gespottet, über die Ökos, die sich verschrumpelte Äpfel im Biomarkt kauften, über die jedes ästhetisch geschulte Auge verhöhnenden Fahrradhelme der Fahrradfahrer, die natürlich, das nur nebenbei, da man sie nicht hört, wenn sie herumrasen, gefährlicher sind als jeder Laster, der sich durch lautes Rattern des Motors ankündigt (aber auch er, wir werden es sehen, ist ein Risikofaktor). Gespottet wurde über die Schminkfeindlichkeit, die weiten Pullover, die jede weibliche Rundung sorgsam verbargen, usw.

Doch der Feind, klug wie er ist, hat sich verkleidet. Er stolziert, da ihn der Lustfeindlichkeitsvorwurf schmerzte, längst auf Stöckelschuhen durch Biosupermärkte. Er hat den Regenanzug, mit dem er den Reizungen der Mode tapfer trotzte, durch den klassischen Regenschirm ersetzt und sich einen Anzug gekauft. Das Biofleisch kaufe er nicht mehr nur aus Mitleid zum Tier, behauptet er, es schmecke auch noch besser als das normale. Wie der Computernerd sich geschickt zum Notebook-Hipster wandelte, so füttert die Mutter ihr Kind nicht mehr in Birkenstocksandalen mit Biomöhrenbrei, sondern in Prada-Stiefeln. Die Feinde des Gesinnungsterrors werden mit ihren eigenen Waffen angegriffen: mit Ästhetik.

Bisweilen scheiden sich Gut und Böse aber doch noch beherzt eindeutig. Ich rauchte verbotenerweise am Gleis einer S-Bahn-Station eine Zigarette. Über mir strahlte ein blauer Himmel, mit kühnster Phantasie nur hätte man behaupten können, ich zwinge jemanden zum Passivrauchen, schon deshalb, da nur zwei, drei versprengte Gestalten in deutlichem Abstand zu mir auf die S-Bahn warteten. Eine der Gestalten, eine gepflegte Frau Mitte vierzig, kam, wie ich mit ahnungsvoller Sorge bemerkte, auf mich zu, baute sich vor mir auf, musterte mich abschätzig, sagte ganz leise:

Danke, dass Sie mich vergiften!, schlug mir die Zigarette aus der Hand, ohrfeigte mich, trat mir gegen das Schienbein und spuckte mir, da ich mich mit einem Schmerzenslaut gekrümmt hatte, um das Maß voll zu machen, noch auf den Hinterkopf. Jeder Raucher hat in den vergangenen Monaten ähnliche, manch einer noch weitaus schlimmere Erfahrungen gemacht, die ihn lehrten, dass die beste Kleidung nicht vor Rohheit schützt!

Wir wollen an dieser Stelle, denn wir werden zu gegebener Zeit auf das Thema noch ausgiebiger zurückkommen, nicht alle gesundheitsfanatischen Facetten unserer Zeit entfalten. Sprechen wir lieber über das Glück, das man sich durch die überreizte Beschäftigung mit Gesundheit erhofft. Denn weshalb sonst sollte sich der Kerngesunde mit der Gesundheit in einem, wie es ja heute völlig üblich ist, jede Vernunft überschreitenden Ausmaß beschäftigen, wenn er sich davon nicht Glück, Zufriedenheit, Wohlbefinden usw. erhofft.

Das Glück ist, recht besehen, keines des Augenblicks. Wer sich glücklich fühlt, wird sich des Glückes nicht bewusst sein, wird nicht behaupten können, dass er glücklich sei, denn jede Reflexion zerstört es sogleich. Es fällt uns leicht, in der Vergangenheit einen glücklichen Augenblick zu benennen: die alberne Schneeballschlacht mit der Geliebten, den Schnapsabend mit Freunden, das uns anlächelnde, nie wieder gesehene Gesicht in der Menge. Das Glück ist immer schon vergangen. Für das Glück in der Zukunft sich rüsten aber heißt, es zwingend zu verfehlen. Auch deshalb, da er sein Scheitern ahnt, neigt der Asket, dem die Vorsorge die heilige Kuh ist, bisweilen zur Militanz. Er ist ein glühender Anhänger der Prognose, die gerade auf ihn nicht zutreffen könnte, was ihn natürlich umtreibt. Er hat es sich notiert, im Netz oder in der Zeitung gelesen: Eine Scheibe Vollkornbrot am Tag verlängert sein Leben um ein halbes Jahr – statistisch gesehen, wenn der Laster mit diesem völlig übernächtigten Fahrer aus der Ukraine ihn nicht streift. Der Asket möchte die glückliche Zukunft um jeden Preis. Dabei kann es so schnell gehen.

Der Asket ist ein Feind des Lebens, aus dem er den Zufall zu verbannen sucht. Auch deshalb neigt er zum strikten Tagesablauf, zur Arbeitswut, zur Selbstgeißelung, zur Kontrolle über sich und andere, zur Kontrolle überhaupt. Sein heimliches Leiden findet Trost in der Mehrheit, der er sich dankbar anschließt, um das Individuum, das sich noch der Sinnenfreude hingibt, effizient zu bekämpfen. Der Asket, indem er den Genussmenschen hasst, entlädt nur seinen Selbsthass. Dem Asketen ist es immer ernst, er missioniert mit Schärfe, ganz gleich, wie fürsorglich er sich dabei gibt. Klugen Asketen ist heuchlerische Freundlichkeit die stärkste Waffe.

Die Entsagung ist dem Asketen sinnstiftend. In der Entsagung verwirklicht sich, wie Friedrich Nietzsche einst sagte, sein Wille zum Nichts. Der Asket bekämpft das

Ungesunde, das Dickbäuchige, das Spielerische, die Lust, den gerechten Zorn.

Da der Asket gemeinhin als gesund gilt, ist das Asketische so ansteckend. Ihm entgeht, dass die Angst vor der Krankheit selbst schon eine Krankheit ist, die der dringlichsten Behandlung bedarf.

6 DISZIPLIN

Fünf Geschichten haben wir gehört, die davon handeln, wie sehr der Mensch unserer Zeit sich diszipliniert. Wie sehr er einer Freundlichkeit huldigt, die nicht nutzloser Überfluss ist, sondern sich dem Geschäftsgebaren beugt, der Helligkeit, obgleich er im Dunkeln weitaus eher vor den strengen Blicken der Geliebten besteht, der Glätte, obgleich sein Bauch im Alter sich unschön wölbt, der Gesundheit, obgleich er des Trostes durch Alkohol und Nikotin so ungeheuer bedürftig ist.

Diszipliniert ist die Welt in einem Ausmaß geworden, die den Freunden menschenfreundlicher Anarchie, des Rausches, des Genusses, der Ekstase sich verschließt. Der Raucher kennt seit einiger Zeit die kalten Blicke der Passanten, die ihn aufs Blut verachten, die ihre Kinder zur Seite nehmen, ihnen die Augen zuhalten vor dem schlechten Beispiel. Es riecht, sagte die Frau, die mich gut kennt, vor kurzem so treffend, in den neuerdings rauchfreien Bars schlechter als früher, nämlich nach Mensch, nach Schweiß – oder aber nach den aufdringlichsten, billigsten Parfüms.

Gesundheit steht auf manische Weise hoch im Kurs. Die moderne Gesellschaft, eng verknüpft, wie sie ist, setzt sich, wie jeder, der sensibel genug ist, derlei zu erkennen, weiß, aus überwachten Bewachern zusammen. Wir werden, anders als die alten Helden, beständig korrigiert, gerügt, belohnt für unser Verhalten – in der Schule, im Büro, selbst noch im Altersheim. Wenn wir uns versündigen, dem Laster uns hingeben, tun wir keine Buße, wir werden nicht gevierteilt auf dem Marktplatz in Anwesenheit des Fürsten, der einst das Schauspiel des gemarterten Körpers aufführen ließ, wir werden fürsorglich behandelt als Kranke, um möglichst rasch wieder eingespeist zu werden in Arbeitsprozesse. Das schlechte Gewissen ist treuer Begleiter unseres Alltags, die mächtigsten Zwänge sind jene, die uns zur zweiten Natur geworden sind, denen wir gedankenlos erliegen.

Diszipliniert ist der Mensch seit langem. Verwoben in unendlichen, unüberschaubaren zwischenmenschlichen Abhängigkeiten, muss er seine Affekte kontrollieren, sich zusammenreißen, tagaus, tagein, es bedarf des Schulmeisters hinter seinem Rücken nicht, damit er tickt wie die Uhr. Er verlässt das Haus in Hemd und Hose, nicht im Schlafanzug, er schlägt in der Anwaltskanzlei den Kollegen, der eine seiner berüchtigten, raumgreifenden dummen Reden hält, mit der Faust nicht ins Gesicht (nur in Wunschträumen), er verrichtet seine Notdurft auf der Toilette, wie sehr es ihn auch aufgrund einer hässlichen Durchfallerkrankung drängt, mitten auf dem Alexanderplatz, auf dem Weg vom Kaufhof zur U-Bahn, dies zu tun. Scham- und Peinlichkeitsschwellen sind bekanntermaßen gestiegen, seitdem er nicht mehr als verwilderter Ritter die Länder durchstreift, sondern den Hof, den Salon, das Gesellschaftszimmer betrat. Er isst nicht mit den bloßen Fingern seinen Rostbraten, sondern mit Messer und Gabel, er rotzt nicht, wie früher völlig üblich, sich am Mittagstisch in die Hand, sondern in das Papiertaschentuch. Er kleidet sich gut, wenn er, wir wollen es hoffen, Geschmack hat. Nur manchmal bricht er die Konventionen, zieht sich nach der Frühstückspause mit Frau Brachfeld vom Sekretariat auf die Betriebstoilette zurück, die für derlei Zusammenkünfte an sich gar nicht eingerichtet worden war. Aber das sind Ausnahmen.

Es hat die Disziplinierung, die Verstellungskunst, das Zusammenreißen, die Höflichkeit aus dem Menschen ein prächtiges Geschöpf geformt: Er küsste der Dame die Hand, vor dem Herren zog er den Hut und ohrfeigte auch sein Kind nicht mehr aus Lust und Laune. Doch immer wieder in der Geschichte ist seine mitunter wunderbare Verfeinerung ins Gegenteil umgeschlagen. Durch eine Selbstdisziplin, die sich zur Selbstgeißelung verhärtete. Durch Lügen, die nicht mehr dem Spiel entsprangen, sondern dem Betrug. Bande knüpfte er zwischen sich und seinem Nächsten nur noch aus Lust an Kontrolle. Er stumpfte die Gefühlsregungen, das Alltagsverhalten auf das Maß des

Tauschhandels ab, geißelte die Minderheiten mit der Moral der Mehrheit, entzivilisierte sich im Namen der Zivilisation.

Wem derlei Einengungen klar vor Augen stehen, lehnt sich aufgrund der Ehrverletzung, die ihm angetan wird, auf, klagt und zetert, verflucht und verteufelt. Ihn durchzuckt der gerechte Zorn.

7 ZORN

Vor einiger Zeit noch, so erinnert man sich gern, hatten Chefs die Angewohnheit, mit ihren Schuhen nach Angestellten zu schmeißen. Es bedurfte wenig, um sie wüten zu sehen, ein Scherz zu falscher Stunde, ein schlampig ausgefüllter Urlaubsantrag, eine morgendliche Verspätung. Dann standen sie vor einem, die linke Hand zur Faust verschlossen, in der rechten hielten sie einen ihrer Schuhe und zielten, die Augen zusammengekniffen, nach dem Angestellten. Zielten und verfehlten knapp das Opfer, oder aber sie nahmen sich, das war die Regel, in letzter Vernunftsekunde doch noch zurück, stießen nur eine undeutliche Verwünschung aus, humpelten eilig in ihr Zimmer, dessen Tür sie mit allergrößtem Schwung zuknallten.

Schön war das nicht. Schonend wirkte allerdings die Regelmäßigkeit, mit der die Ausbrüche erfolgten und auch wieder abklangen, einem Naturgesetz gleich, auf das man sich verlassen konnte wie auf Gezeiten.

Die Berufswelt kennt den jähzornigen Chef nicht mehr.

Die E-Mail-Accounts der Angestellten sind heute nach diversen Führungskräfteseminaren übervoll mit motivierenden Nachrichten. Man duzt sich im Team. Die durchsichtigen Türen in gläsernen Bürogebäuden versinnbildlichen die sonnenlichtdurchflutete Heiterkeit flacher Hierarchien, von denen immer dann die Rede ist, wenn der flexible Mensch im Zeitalter der Globalisierung charakterisiert wird. Er sei, heißt es, ortsunabhängig, anpassungsfähig, flexibel. Seine Geschmeidigkeit, seine abgeklärte Smartheit, ist Folge des Verschwindens festgelegter Lebensläufe, des beständigen Auf- und Abstiegs im Berufsleben, der notorischen Herumpendelei. Zorn wird unter Anpassungsdruck mit sich selbst, mit dem Partner, an den Kindern oder anonymisiert in Internetforen ausgetragen, feige vom heimischen Sessel aus. Zorn in der Firma ist unökonomisch, er stört den Betriebsablauf, die reibungslose Verwertungskette. Zorn kann man sich im wahrsten Sinne des Wortes nicht mehr leisten.

Dabei hatte der Zornige sich einst einen festen Platz in der Bundesrepublik erobert. Seine Auftritte sind legendär, bisweilen waren sie unfreiwillig komisch und sind auch deshalb ganz tief im kollektiven Bewusstsein verankert. Auf YouTube bewunderte ich erst kürzlich die erhitzten Debatten zwischen Franz Josef Strauß und Herbert Wehner im Bundestag, sah noch als Jugendlicher die kuriosen Talkshow-Auftritte von Klaus Kinski, las, dass Otto Schily seine

Mitarbeiter mit Aktenordnern bewarf. Besonders haften geblieben ist mir ein Wutausbruch des alten Teamchefs der Fußballnationalmannschaft Rudi Völler, der dem ihn kritisch befragenden Moderator, da die Mannschaft unglücklich gegen Island gespielt hatte, Versoffenheit unterstellte. Seine Nachfolger Jürgen Klinsmann und Joachim Löw trugen schneidige Anzüge (Völler trug noch einen Trainingsanzug) und zeichneten sich durch selbstverleugnerische Gelassenheit aus: Man habe, heißt es nunmehr nach einem schlechten Spiel, die erwünschte Leistung bedauerlicherweise *nicht abrufen* können. Man werde jetzt *in Ruhe* analysieren müssen, wo genau die Fehler liegen, womöglich im *nicht ganz* präzisen Passspiel, usw.

Zornig zu sein, die Ritterrüstung sich anzulegen ist riskant. Jeder wird, wie einmal der Philosoph Helmuth Plessner gesagt hat, an einem bestimmten Punkt die Karikatur seiner selbst, da das Innere, das man zur Sprache bringen möchte, vorzugsweise wenn man erregt ist, an den Grenzen des Körpers und dessen Ausdrucksmöglichkeiten bisweilen zerschellt. Dieser Umstand bildet die Grundlage aller Komik der Anschauung, weshalb der Zornige besonders viel riskiert. Sein Stolz vermag fürchterlich leicht ins Lächerliche zu kippen. Es droht der unschöne Form- und Kontrollverlust: die unbeholfene Erhitzung, das rotgesichtige Stammeln, das albernste Fußstampfen. Wenn der Zornige die Fäuste zum Himmel streckt, ist er, zu seiner anwachsenden Ohnmacht, recht lustig anzuschauen. Ein Quell der Freude waren in der Schulzeit auch deshalb immer Lehrer, die man besonders leicht reizen konnte. Und wie lachten auch hinterher die Kollegen meines guten Freundes Stephan vor einiger Zeit, als dieser, da ihm im Architektenbüro gekündigt worden war, mit einem ungeschickten Wutausbruch die Firma verließ, indem er laut »Drecksladen!« rief und im Eifer des Zornes noch eine Tür beschädigte – egal.

Es empfiehlt sich jedenfalls, damit man keine lächerliche Figur macht, bei aufkeimendem Zorn unbedingt so viel Selbstkontrolle wie nur irgend möglich walten zu lassen. Aristoteles hat die feine Beobachtung gemacht, dass der Zorn durchaus nicht, wie man ihm immer unterstellt, sich völlig unbeherrscht entfaltet. Mitunter paart er sich aufs Schönste mit der Vernunft. Es begreift dann der Entflammte, dass sein Wutausbruch die allergrößte Berechtigung hat, dass die Beleidigung, die ihm zugefügt worden ist, die niederträchtig zugezischte Bemerkung eines Kollegen auf dem Büroflur, nur wohldosiert, strategisch kühl gesühnt werden will. Der gerechte Zorn, dem es um die Aufrechterhaltung von Selbstachtung, um Ansehen und Anerkennung geht, setzt Würde und Schärfe, Tapferkeit und Kampfbereitschaft voraus, denen man nur Respekt zollen kann. Gerade wer zum gerechten Zorn den Mut nicht aufbringt, entfaltet brennenden Hass, nackte Gewalt, die zu Recht mit Verachtung gestraft wird.

Ein Zorniger, dem es um die Wiederherstellung seiner Ehre geht, hat mit dem Fechter mehr gemein als mit dem Schläger. Er möchte elegant ins Herz treffen, nicht blindwütig um sich schlagen. Es gilt, den Zorn kunstfertig zu lenken, sich nicht von ihm überwältigen, sich nicht gehen zu lassen. Doch Zorn, noch der gerechteste, wird heute als roh angesehen. Freundlichkeit, noch die gemeinste, als verfeinert. Der Zornige ist der Unverstandene.

Zorn gilt per se als Krankheit, als Neurose, die man gefälligst therapieren soll. Es sagen die Therapeuten, der Zornige leide an unterdrückter Sexualität. Doch soll der Zorn auch schon bei erfüllter Sexualität ausgebrochen sein.

Bisweilen meldet sich der Zorn bei winzigen, für Außenstehende völlig unbegreiflichen Anlässen an. Einfach zu oft hat man ein und dieselbe Marotte, ein und dieselbe Angewohnheit des Gegenübers erblicken müssen. Er kratzt sich schon wieder am Bein, verwendet schon wieder diese verbrauchte Redewendung, streut sich schon wieder zu viel Parmesan auf die Nudeln. Nur mit Zorn halten wir einander aus. Zorn bindet länger als Liebe.

Rache ist die geglückte Entladung von ungut lange angestautem Zorn.

Der neue Mensch ist bejahend, konstruktiv, einsichtig. Er ist schlank, glatt, erleuchtet. Er scheint freundlich. Er versteht die um sich greifende Erziehung im Namen von Dienstleistungskultur und Volksgesundheit als wünschens-

werte Maßnahme. Die Fesseln sind ihm Orientierungsge-
winn, die Peitsche ist ihm Beruhigung, das Leiden Glück. Er
liebt alle, die ihm gleichen. Alles Individuelle ist ihm erbit-
terter Feind, alles Austauschbare beruhigt ihn. Der Kunde
ist ihm König. Er zürnt nicht, er hasst. Er unterwirft sich.
Der Zornige nicht.

8 RAUCHEN

Die Anzahl der Lokale, die ich ab und an aufsuche, ist zusammengeschrumpft auf ein paar ganz wenige, in denen man noch trinken und rauchen darf. Natürlich gibt es Bars, in denen man nur trinken darf und die einigermaßen gut besucht sind, nur geht man schon der Besucher wegen nicht dorthin, die, wie jeder weiß, von unglaublicher Langeweile und behäbiger Gewöhnlichkeit sind. Und natürlich verderben dort die Kinder, die neuerdings überallhin mitgebracht werden, da sie sich in derartigen Etablissements langweilen und herumzetern, die Stimmung. Niemals würde man in Anwesenheit von Kindern einen Annäherungsversuch an eine Frau wagen, weil Kinder ja so unschuldig sind und gleich komisch und neugierig gucken und einen anstupsen. Und oft habe ich schon gedacht, dass die Paare, die mit Kindern immer in Cafés und in Bars herumsitzen, ihre Kinder eigentlich nur mitnehmen, um zu verhindern, dass andere Leute einander rauchend näherkommen, da sie selbst, erloschener Leidenschaft wegen, es den Leuten, die ohne Kinder da sind, einfach nicht gönnen, dass die einander sich näherkommen, weshalb sie jede Bar, die früher immer Ort der dunklen Geheimnisse, der schlüpfrigen Anbandelei und abwegigsten Frivolitäten gewesen ist, zum Kinderspielplatz verwandeln.

Überallhin werden ja heute die Kinder mitgebracht. Nicht so sehr, wie jeder weiß, weil die Eltern notgedrungen, mangels eines Babysitters, sie überallhin mitnehmen müssten, sondern weil sie, die man nur bemitleiden kann, stolz herumgezeigt werden sollen, Trophäen des gesunden Volkskörpers, die den kinderlosen Flaneur des lendenschwachen Sozialschmarotzertums bezichtigen. Mit größtmöglicher Umständlichkeit und Unachtsamkeit drängeln sich die Mütter und Väter heute mit ihren Kinderwagen in die Tram, entschleunigen so die Großstadt, enterotisieren sie durch das Geschrei ihres allen immerzu dreist präsentierten Nachwuchses, der sich ja gar nicht wehren kann gegen sein beständiges Ausstellen, Präsentieren und Vorführen.

In den wenigen Bars, in denen man noch trinken *und* rauchen darf, spricht man häufig, da sie ja so selten geworden sind, darüber, welch ein Vergnügen es ist, dass es noch Bars gibt, in denen man noch trinken *und* rauchen darf, gerade weil man weiß, dass man bald auch noch um dieses Vergnügen gebracht werden wird. Weil es ja den Leuten nicht reicht, dass es nur noch wenige Kneipen gibt, in denen man trinken *und* rauchen darf, nein, sie sollen ganz weg! Es muss ja immer gleich kurzer Prozess gemacht werden.

So sprachen auch der Freund, der erfolgreich etwas mit Kultur macht, und ich, als wir noch zu sehr später Stunde ein Lokal aufgesucht hatten, in dem man noch rauchen *und* trinken darf, und das, nachdem wir bei mir bereits zwei ungute Flaschen Wein aus Südfrankreich getrunken hatten, erst einmal darüber, wie gut es doch ist, jetzt noch ein Lokal gefunden zu haben, in dem man noch rauchen *und* trinken darf.

Ich erzählte, obgleich ich vage wusste, dass ich ihm diese Geschichte schon mindestens einmal erzählt hatte, davon, dass ich vor einigen Jahren, als ich nach einem zweisemestrigen Studienaufenthalt in Amerika, der mir als entsetzlich, im Mindesten aber als völlig überflüssig erinnerlich ist, zurückgekehrt war, mir am Flughafen eine Flasche Bier kaufte, den IC bestieg, der in einem unterirdischen Trakt des Bahnhofs abfuhr, dass ich mich gleich in ein Raucherabteil setzte, mir eine Zigarette anzündete und schon kurz darauf dumpf, da mir die Zeitverschiebung zusetzte, hinaus auf eine unaufgeregte Landschaft mit sanften Hügeln schaute. Dass man tatsächlich mit einer Flasche Bier rauchend im Zug sitzen konnte, sagte ich, ohne von den anderen Fahrgästen sogleich als verrohtes Subjekt wahrgenommen zu werden, sondern, im Gegenteil, als ein ganz gewöhnliches und zivilisiertes, schien mir zutiefst menschenfreundlich, etwas, das ich in dem Land, aus dem ich endlich entkommen war, schmerzlich vermisst hatte. Heute, sagte ich, würde ich niemals mit einer Flasche Bier das Abteil betreten, sogleich würde man nämlich als verrohtes Subjekt aufgefasst werden.

Es hatte mir in Amerika nie eingeleuchtet, sagte ich, nachdem wir endlich – wir saßen an der Bar – das Bier von einer etwas unbeholfen zapfenden jungen Frau hingestellt bekamen, dass die Parks um sieben Uhr abends verriegelt wurden, dass man in den Bars nicht rauchen durfte, dass man auf Straßen keinen Alkohol trank, dass man seine Volljährigkeit ausweisen musste, um ein Lokal zu betreten, dass es verpönt war, sich zu Fuß fortzubewegen, dass es also keine städtische Kultur mit Passanten gab, dass keine Züge fuhren, die weit voneinander entfernte Städte miteinander verbanden, dass die Schilder der wenigen öffentlichen Strände ungeheure Verbote anzeigten: kein Lagerfeuer, keine Glasflaschen, angemessene Kleidung, kein Rumhängen (»loitering«), und natürlich auch hier: weder Rauchen noch Trinken!

Europa, sagte ich, während wir auch schon, glaube ich, das zweite Bier bestellten, unterschied sich noch vor wenigen Jahren von Amerika darin, dass es die Angst vor dem Individuum mit seinen verlotterten Sitten und Süchten nicht kannte, dass es recht großzügig verfuhr mit unseren Fehlbarkeiten und Schwächen, dass es darauf setzte, dass sich das Alltagsverhalten erwachsener Menschen im Großen und Ganzen selbst regelt.

Woher nur stammt nun das entflammte Misstrauen, das

uns seit einiger Zeit auch hier entgegenschlägt?, fragte ich den Freund. Und antwortete gleich selbst: Weil die Politiker begriffen haben, dass sie der Mehrheit schmeicheln können, wenn sie derart vormodernes Verhalten wie Rauchen und Trinken mit dem Terror der Tugend angehen. Der Staat, sagte ich, ohnmächtig wie er ist, da sein Einfluss mit der Globalisierung herabsinkt, trumpft als Sittenwächter auf. Er darf auf Applaus hoffen, wo er an die niederen Instinkte des Volkes rührt, auf diesem Feld erstrahlt er noch einmal wundersam tatkräftig.

Die verkommenen Eckkneipen des Arbeiters, sagte ich zu dem Freund, die von den zugezogenen Süddeutschen im Prenzlauer Berg als letzte Oasen der Ruhestörung und Versoffenheit argwöhnisch beäugt werden, braucht man nicht zu verbieten. Es reicht, ein Rauchverbot zu erlassen, das den Gepflogenheiten der sich am Schnaps tröstenden Schicht grob zuwiderläuft. Lustbarkeiten, die man sich selbst verkneift, um am nächsten Morgen ausgeschlafen und frisch rasiert im Architekturbüro zu erscheinen, gönnt man dem faulen Gesindel, das eh nur Steuergelder abgreift, gar nicht gerne, sagte ich. Wie man dem Kinderlosen nicht gönnt, dass er in Bars und Cafés noch das Abenteuer sucht und das Bewundern fremder Leute Familienglück nicht als Gipfel seiner Freizeitgestaltung begrüßt. Alles, ja, man muss es so drastisch sagen, sagte ich, wirklich alles, was im Namen von Volksgesundheit und Umwelt als derzeit im Alltagsverhalten wünschenswert propagiert wird, fördert das Ressentiment und die Unterdrückung der Minderheit durch die Mehrheit. Ich habe kürzlich erst gehört, dass, glaube ich, die Schweden ein europaweites Verbot der Prostitution durchsetzen wollen. Es ist entsetzlich.

Verboten werden in manchen Bundesländern, wie ich las, schon der Verkauf von Alkohol an Tankstellen, verboten werden die Außengastronomie am frühen Abend und das Rauchen sogar draußen, auf dem Spielplatz etwa, was den großen Vorzug hat, vermute ich, sagte ich, dass die sonnenbankgebräunte Unterschichtenmutter mit ihren feisten Töchtern und Söhnen ihm lieber fernbleibt. Wie auch der kettenrauchende alleinerziehende Vater intellektueller Prägung nunmehr seinen Balkon vorziehen dürfte. Wie überhaupt die Unterschicht mit dem Intellektuellen die Laster teilt. Der Blick ist gerichtet auf die Dicken, die man dünn haben will, die Untüchtigen, die man tüchtig haben will, die Lesenden, denen man nützliche Arbeit an den Hals wünscht. Der untüchtige Hausmeister wird heute in gleichem Ausmaß verachtet wie der einsame Leser, dessen genussvolle Muße jedem Gehetzten als Affront entgegenschlagen muss.

Von besonderer Niedertracht, sagte ich dem Freund, sind die Statistiken, die man überall in der Zeitung oder im Netz über den volkswirtschaftlichen Schaden des Rauchens lesen kann. Schon die Zigarettenpausen, die der Arbeitszeit abgetrotzt werden, machen einen Schaden von soundso vielen Hunderten Millionen aus. Mit gleichem Recht aber, sagte ich, müsste man gegen jene Sekretärinnen vorgehen, die sich im Stundentakt das Make-up auffrischen und so immerzu ihre Arbeit unterbrechen, gegen die blasenschwachen Ministerialbeamten und gegen Ärzte, die sich zu oft in der Nase popeln, gegen diejenigen, die heimlich private E-Mails schreiben, und gegen die Verträumten, die zu oft aus dem Fenster schauen, ach, gegen alle. Das »gegen alle« war dann doch etwas zu laut dahergesagt, die Bedienung rollte die Augen, der Freund klopfte mir scherzhaft auf die Schulter, wies freundlich, aber entschieden zum Ausgang, und ich sagte nur noch, als wir wieder hinaustraten auf die Straße, die sich bereits im mahnenden Dämmerlicht abzeichnete, und ich mich gähnend streckte, dass jeder Nichtraucher eh nur ein Übergewichtiger mehr sei, gegen den man auch schon wieder etwas haben könne.

9 WOHNEN

Es war nicht einfach gewesen, wie mir Stephan, der Freund, der Architekt ist, erzählte, eine gemeinsame Wohnung zu finden, die dem Geschmack Monikas, seiner Freundin, vollkommen entsprach. Monika, die weniges mehr verabscheute, als dass man sie, die mit ihrem Vornamen ohnehin unglücklich war, spaßhafterweise Moni nannte, empfand sich nicht nur als anspruchsvoll, sondern auch als stilsicher, erzählte mir Stephan mit einiger Verbitterung, was aber, da die Beziehung sich in einer schwierigen, wenn auch nicht aussichtslosen Lage befand, verständlich war.

Nur zwei, drei Viertel der Stadt kamen überhaupt in Frage. Nicht zu schick sollte die Gegend sein, um den Eindruck des allzu Arrivierten zu vermeiden, andererseits auch nicht zu unterschichtig, schon da man mit großer Ernsthaftigkeit plante, recht bald ein Kind in die Welt zu setzen, für das man einen Kindergarten benötigen würde, in dem vorzugsweise Deutsch (und auch, allerdings auf ganz spielerische Weise, unterrichtshalber Englisch) gesprochen wird.

Überdies hatte Monika in einem Buch, das sie sehr mochte, gelesen, dass man eigentlich nur in eine Wohngegend ziehen sollte, die sich zielstrebig von einer guten in eine sehr gute Wohngegend wandelt.

Man besichtigte nur Altbauten. In der einen Wohnung schien der Straßenlärm zu dominant, wenn man die Augen schloss und sich darauf konzentrierte. In einer anderen, zwei Stockwerke über einem italienischen Restaurant gelegenen, fürchtete Monika einen möglicherweise von der Gastronomie herrührenden Schabenbefall, für den es aber keine Anzeichen gab. Schien die Sonne nicht ganz ungehindert auf das Parkett der besichtigten Wohnung, die selbstverständlich gen Südwesten ausgerichtet war, empfand sie diese als ziemlich finster. Entsprach die Raumhöhe nicht ihren Vorstellungen (je höher, desto besser), fühlte sie sich eingeengt wie nur Flugreisende, die bebend von mangelnder Beinfreiheit sprechen, und machte ihre Beklemmung auch bereits während der Begehung und im Angesicht der sich räuspernden Maklerin durch gestenreiche Unmutsbekundungen deutlich.

Einfach war es nicht, sagte Stephan, dessen Rede ich hier mit einigen Auslassungen, auch da ansonsten der Rahmen des Kapitels gesprengt würde, wiedergebe nach bestem Wissen und Gewissen.

Kurzum, nach ausdauernder Suche fand man eine zwar etwas überteuerte, aber Monika halbwegs zufriedenstellende

Immobilie in einem der drei zur Auswahl stehenden Viertel, das zufällig auch jenes war, in dem ich wohnte. Es gab in der Straße einen Asiaten, der Gemüse und Lebensmittel verkaufte, zwei Häuser weiter ein Café mit doppeldeutigem Namen, in dem gutaussehende Mütter mit ihren Kindern saßen, Ladenlokale, die Freiberufler zu Büros umfunktioniert hatten, usw.

Die Wohnung hatte vier Zimmer, die, bis auf eines, sehr hell waren, die Raumhöhe war doch zufriedenstellend (3,20 Meter), es war gründlich renoviert worden, aber, wie man sagt, liebevoll. Das, was man erhalten konnte, hatte man erhalten, die alten Türklinken, manch altes Fenster, die mit Pflanzenmotiven hübsch verzierten Kacheln in der Küche über die Zeit gerettet. Nur bedeckte das Parkett ein vom verstorbenen Vormieter zwar sehr gut erhaltener, aber nicht zu tolerierender Teppichboden in hellem Grau, den, wie gleich beschlossen wurde, Stephan herausreißen würde, was dann eine Hundsarbeit war, da er einst mit einem Spezialkleber, der heute diverser Gifte wegen gar nicht mehr verkauft wird, befestigt worden war.

Nachdem Stephan den Holzboden mit großer Hingabe freigelegt, abgeschliffen, lackiert und poliert hatte, bewunderte er ihn selbstvergessen, hüpfte dann nach Art kleiner Kinder, also albern, eine Weile darauf herum, bis ihn Monika, durch den Krach aus der Küche, in der sie die Kacheln schrubbte, herbeigelockt, umarmte, ihn sanft zu Boden zog, ihm die Brille von der Nase nahm, ihn »mein kleiner Held« nannte, dann »Wo ist denn mein anderer kleiner Held?« sagte usw.

Nun konnten, da der Boden hergerichtet war, also endlich alle Möbel aus den beiden Wohnungen herbeigeschafft werden. Man empfand sich nicht mehr in dem Alter, mit Freunden den Umzug zu bewerkstelligen, sondern ließ eine preisgünstige, durch einen Flyer in Stephans Briefkasten auf sich aufmerksam machende Firma das Ab- und Anmontieren der Regale, das Schleppen der Schränke, das Installieren der Waschmaschine und derlei mehr verrichten; ein Umzug, der sich sehr in die Länge zog, da die Helfer, zwei russischsprachige ältere Herren und ein pensionierter Hausmeister, besonders langsam und mit den ausgiebigsten Verschnaufpausen zu Werke gingen, um die vorab vereinbarte Arbeitszeit zu überschreiten und inmitten des Umzugs dreist nachzuverhandeln.

Die ersten beiden Wochen des Zusammenlebens, wie mir Stephan erzählte, waren von schönster Betriebsamkeit, hier fehlte noch eine Lampe, die man besorgte, dort ein Läufer, da das Wohnzimmer noch ein klein wenig nackt wirkte, und allerhand mehr, bis schließlich alles zur Zufriedenheit des Paares verstaut, eingerichtet, aufgehängt und möbliert war. Stephan, der nach einer nicht ganz reibungslosen Vergangenheit (befristete Festanstellung, eine freiberufliche Tätigkeit, jetzt wieder befristete Festanstellung), wir hatten es gesagt, als Architekt arbeitete, Monika, die, auch dank einer ausgesprochen großzügigen finanziellen Unterstützung ihrer Eltern an einer mühsam sich entwickelnden Promotion über das Alterswerk eines außerhalb der Forschung nur wenig bekannten bayerischen Schriftstellers saß, hatten noch vor wenigen Wochen einer hoffnungsfrohen Zukunft entgegengeblickt, wenngleich sie beide jenes Gefühl der Leere verspürten, das einen immer ergreift, wenn große Vorhaben erledigt wurden und es erst einmal an keiner Stelle irgendeiner Nachbesserung mehr bedarf.

Es fing, sagte Stephan, der damals noch einige Tage Urlaub hatte, mit nur leichten Kopfschmerzen an, über die Monika beiläufig klagte, während sie über ihren Büchern und kleinbedruckten Kopien am Schreibtisch saß, noch unentschieden, ob die Unpässlichkeit ein sinnvolles Arbeiten verhinderte oder nicht. Immer öfter stand sie aber vom Schreibtisch auf und ging ratlos in der Wohnung umher, die rechte Hand hielt sie dabei immer demonstrativ an die Schläfe, leise jammernd, nahm, obgleich sie »Chemiekeulen«, wie sie sagte, ablehnte, eine Aspirin, die aber keine Wirkung zeigte, suchte schließlich Frau Meyerdorf, ihre Hausärztin, auf, die allerlei Untersuchungen selbst anstellte, andere bei einem Neurologen veranlasste und Monika schließlich den Gesamtbefund präsentierte: Sie erfreue sich, von einem nicht nennenswerten Eisenmangel abgesehen, der allerbesten Gesundheit. Frau Meyerdorf (Stephan war,

halb aus Sorge, halb aus Pflichtgefühl, zu dem Termin mit-
gekommen), die wohlwollend und streng zugleich ihre Pa-
tientin durch eine schmale, lustig bemusterte Hornbrille
anblickte, sprach von Stress (»Ihre Doktorarbeit!«), von un-
gewohnten Lebensumständen (»Der Umzug!«) und riet zu
einem pflanzlichen Beruhigungsmittel. Wie denn überhaupt
Ruhe und Entspannung eindringlich empfohlen wurden.

Da die Ärzte also nichts fanden und auch die Entspannung (Lesen, Badewanne, Spaziergänge) für keinerlei Bes-
serung sorgte, fand Monika den Grund für ihre Kopfschmerzen wenige Wochen später selbst, und zwar in einem
Karton, der noch Teile jenes Unrats barg, welcher sich im
Zuge der Umzugsarbeiten angesammelt hatte. Sie entdeckte
mit nicht geringem Entsetzen eine der für den Holzfuß-
boden verwendeten leeren Dosen Lack, die, anders als sie es
angeordnet hatte, keinen Ökolack, sondern nur den halb so
teuren handelsüblichen Lack enthalten hatte, mit dem der
gesamte Wohnungsboden von Stephan bestrichen worden
war.

Der Streit zog sich, wie man leicht begreift, arg lange in
die Nacht hinein, eine kleine Tasse (ein Erbstück von Monikas Großmutter) ging, da sie Stephan in einem dra-
matischen Moment und unter Verfluchungen (»Du Scheiß-
Perfektionistin!«) gegen die Küchenwand geschleudert
hatte, zu Bruch, es wurde geschluchzt, sich kurzzeitig
versöhnt, wieder geschluchzt, schließlich sich halbherzig

wieder versöhnt, mehr aus Kraftmangel und Resignation als aus Einsicht. Dann wurde mehrere Tage lang, obgleich erst April war, mit großer Ausdauer gelüftet, was einerseits tatsächlich zu einem gewissen Nachlassen der Kopfschmerzen führte, andererseits eine hartnäckige Erkältung Stephans nach sich zog, die aber, da man sie leicht als gerechte Strafe begreifen konnte, sogleich bewirkte, dass sich das Paar für einige Tage recht gut verstand.

10 FLANIEREN

Ich hatte es mir zur Angewohnheit gemacht, mit ziel-loser Entschlossenheit die Stadt zu erkunden, in die ich vor sieben Jahren gezogen war, begierig beinahe nur, die nächste Straßenecke zu erreichen, von der sich bereits die nächste abzeichnete. Mal ging es durch ein Viertel mit einer stalinistischen Prachtallee, in der man sich ameisen-haft winzig vorkam und schwitzte, da die Straßenschlucht so breit war, dass sie keinen Schutz vor der Sonne bot, mal durch eine enge, von Bäumen gesäumte Straße, die aber rasch, was man nicht sogleich sah, ein abruptes Ende an einer Bahnstrecke fand. Vorbei ging es an ungepflegten Denkmälern, die sich politisch überlebt hatten, und an stillgelegten Brauereien, in denen man Proberäume für Musiker eingerichtet hatte.

Wie jeder, der sich völlig alleine und ohne Ziel auf den Weg macht, verließ ich mich auf den Zufall, entdeckte hier eine amüsant anzuschauende, völlig missratene Balkon-verzierung an einem Gründerzeithaus, die Merkur dar-stellte, blickte dort durch Fensterscheiben in ein spanisches

Restaurant, das vielversprechend aussah und das ich mit der Frau, die mich gut kennt, demnächst aufsuchen würde, trat in ein Antiquariat, das sich auf Bildbände des 19. Jahrhunderts spezialisiert hatte.

Nachdem der Osten seine Tore geöffnet hatte, war die Stadt für einige Jahre jedenfalls das Eldorado für Herumstreunende geworden, für zweckfrei Suchende, die sich an den Spuren des in die Gegenwart störrisch hineinragenden Vergangenen sattsahen. Mithin erblickten sie gleich den alten Westen neu, war ihr Blick nun ohnehin auf das Übriggebliebene gerichtet, den Bahnhofsportikus des Anhalter Bahnhofs etwa, jene unfassbare Ruine, die, obgleich selbst mächtig und erhaben, nur einen winzigen Ausschnitt der vormaligen Größe des Gebäudes preisgibt. Von einer bestimmten Größe an, schrieb der Schriftsteller W. G. Sebald sinngemäß einmal (der Satz fiel mir vor den Bahnhofsresten sogleich ein), tragen Gebäude den Keim ihrer Zerstörung in sich. Mit etwas Glück hört aber natürlich noch jeder, der eine Weile vor dem Portikus, diesem entsetzlichen Stumpf, steht, die einstigen Passanten, wie sie sich vorbei an den windigen Schuhputzern und Eisverkäufern am Haupteingang in die riesige Halle schieben, einige nur, um durch einen erleuchteten und Geschäfte bergenden Tunnelgang zum Hotel Excelsior in der Königgrätzer Straße zu gelangen, in die vergoldeten Säle, die Teeräume, in denen man die Zeit verplemperte, das Geld verjubelte, mit Garderobe protzte. Andere Passanten strömten zu den Gleisen, über ihren Köpfen die unermessliche Wölbung aus Stahl, die keinen erkennbaren Nutzen hatte als ausschließlich den, in bedingungslose Konkurrenz zum Kirchenschiff zu treten. Bahnhöfe hatten hohe Türme einst, manche beherbergten auch Glocken, nur war in der Eingangshalle das Kreuz der Uhr gewichen. Bahnhöfe waren die Gotteshäuser des Diesseits, man sehnte in ihnen nicht mehr das Himmelreich herbei, man trat tatsächlich eine Reise an, nach Neapel, nach Wien, Athen. Von hier aus, vom Anhalter Bahnhof, ging es immer nur in den Süden.

Man geht nicht ziellos alleine umher, wenn einen nicht der Funke Hoffnung trägt, dass dieses Umhergehen irgendjemand – und sei es, man selbst sei dieser Irgendjemand – mit besonderer Seelentiefe in Verbindung bringt, mit ausgesuchter Individualität, mit detektivischer Entdeckerlust, mit dem Ohr für längst abgeklungene Stimmen. Wenn es schon keine Bewunderer gibt, so bedarf es doch der Selbstveredelung des Umhergehenden, damit er sich erträgt, Pathos der Einsamkeit.

Regelrechte Gewaltmärsche in der Nacht habe ich unternommen, als ich neu in der Stadt war. Ich verdiente schreibend Geld, und jedes Schreiben führt immer dazu, dass man sich ganz schadhaft in die Dinge hineinbohrt, was wiederum zu Schlaflosigkeit führt. Noch ganz von den Dingen, in die man sich schadhaft hineingebohrt hat, ist man gefangen, wenn man beschließt, zu Bett zu gehen. Dann liegt man wach, wendet dieses und jenes ganz dramatisch hin und her. Die kleinsten Probleme wachsen in der schlaflosen Nacht ja immer zu ganz großen, völlig erdrückenden heran.

Ich weiß noch, wie ich oft, nachdem ich womöglich zwei Stunden die Dinge hin und her gewendet hatte in größter Pein, jäh mich aufrichtete, mir an die Stirn fasste, verstört den Kopf schüttelte, mich wieder anzog und dann regelrechte Gewaltmärsche durch die Stadt machte, bis an ihre Ränder, wo sich alles ausfranste und nur noch Ausfallstraßen, Schrebergärten, Tankstellen mir schon in der Dämmerung sichtbar wurden wie eine ganz unwirkliche, filmhafte Szenerie.

Der natürliche Feind des Flaneurs ist die fortschreitende Vermessung der Welt, mit der das Unerwartbare, auf das er angewiesen ist, beseitigt wird. Seit ich ein Smartphone habe, das mir, egal, wo ich bin, einen Stadtplan auf das Display zaubert, der die Umgebung mit allen Lokalen, Geschäften und städtischen Einrichtungen verzeichnet, erweist sich mir die ziellose Erkundung der Umgebung als jene groteske Betätigung, die sie vielleicht schon immer war, was aber durch Illusionen überdeckt zu werden vermochte. Gewiss springen einen verborgene Zeitschichten, eine Bombenlücke des Krieges, eine schändliche Bebauung aus den 80er Jahren, das wilhelminische Toilettenhäuschen noch irritierend an, doch trägt das Umhergehen, seit die Umgebung sich im Digitalen verdoppelt hat, seit sie vorhersehbar geworden ist durch jederzeit abrufbare Fotos noch der entlegensten Gasse, durch die Beurteilungen eines Lokals, das man früher völlig ahnungslos betrat, den Makel größter Banalität. Man hätte sich ja auch vor dem Spaziergang über Google Maps sachkundig informieren können, der Weg ist heute immer schon für einen gebahnt, wie in jenen Zeiten, die keine Eisenbahn kannten, keine Zukunft und keine Vergangenheit: In Zeiten großer Schicksalsgläubigkeit war der Lebensweg des Einzelnen vorherbestimmt. Der Umhergehende ist heute in den Blicken anderer so obskur, wie es einst jene ersten Menschen waren, denen der Berg nicht lästiges Hindernis war, sondern zu erklimmendes Versprechen auf eine schöne Aussicht. Service aber ist, wie auch gläubige Gewissheit, das Gegenteil von Abenteuer, praktischer Nutzen dem offenen Blick entgegengesetzt. Kein Kunde, so wenig wie der bigotte Asket, möchte überrascht werden.

Kurz bevor ich und die Frau, die mich gut kennt, letzten Sommer nach Barcelona reisten, buchte ich das Hotel im Netz, ich sah das Zimmer, das wir beziehen würden, sah die Straße, in der es stand, zoomte die Häuserfassaden heran, notierte die Lokale, die in unmittelbarer Umgebung auf dem Stadtplan verzeichnet waren samt Kommentaren, und die Überraschung, als wir ankamen, war insofern perfekt, als ich das Ausmaß der Übereinstimmung noch unterschätzt hatte.

Kein Rausch kommt heute über den, der ohne Ziel durch

Straßen marschiert. Der Flaneur, um noch Flaneur zu sein, müsste sich in eine künstliche Ahnungslosigkeit versetzen und die Geräte ausschalten. Der Grad an Sonderlingshaftem wäre unermesslich deprimierend. Sein Wundern über die Entdeckungen, die er auf seinen Wegen machte, wäre albern, er sähe nur mit großen Kinderaugen, was er schon längst hätte sehen, schon längst hätte wissen können. Der Flaneur ist heute vergleichbar nur mit dem Einsiedler, der sich das Telefon und die Internetverbindung versagt, sich weltabgeschieden auf dem Land einrichtet als Misstrauen erweckendes Kuriosum für die bäuerlichen Nachbarn. So wie der Flaneur der Moderne hoffnungslos veraltet, wird der zielgerichtete Gang des neuen Menschen, dem der Weg gebahnt ist wie nur dem Strenggläubigen, zeitgemäß.

Der Flaneur glaubte sich von jedem angesehen und war doch der Unauffindbare, der Geborgene, wie einmal gesagt wurde. Diesen Widerspruch stellte er in seiner geselligen Einsamkeit aus. Er wird zwar heute noch angesehen, aber ohne dass ihm dies zum Ansehen verhilft. Angesehen wird er mit Hohn und Unverständnis, wie Verwirrte oder Landstreicher. Er ist verdächtig, da sich der Zweck seines Fußmarsches nicht erschließt. Er ist so anstößig wie der Lesende im Café, den man bestenfalls bemitleidet, mangelt es ihm doch offenbar an Begleitung. Vor einem Denkmal stehen nicht mehr Einzelne, sondern es steht da immer gleich eine Gruppe von etwa zehn Menschen, die ein kundiger

Führer belehrt. Durch Museen schiebt sich die Gruppe ebenso wie durch die unterirdischen Gänge der Stadt, durch Katakomben und stillgelegte U-Bahn-Schächte. Die Gruppe hat den Flaneur enteignet, er war auch furchtbar anmaßend in seiner asozialen Einsamkeit, anmaßend in seiner Selbstliebe, seinem Staunen, seiner Ungeselligkeit, seinem abgesonderten Beobachten. Der Flaneur, was ihn zur hassenswerten Gestalt machte, gab wenig von sich selbst preis, einem Erzähler gleich, der mit Informationen über sich selbst geizt, aber umso unverschämter seine Umgebung beleuchtet.

Der Flaneur ist dort, wo er noch auftritt, wieder das, was er bereits in seinen frühesten Beschreibungen war: ein Verbrecher. Die Masse ist ihm aber nicht mehr Zuflucht, tausend Augen bezichtigen ihn des Verrats an der Gemeinschaft. Er wurde vom Erkunder zum ärgerlich Bestaunten, vom Jäger zum Gejagten, vom Inspekteur zum Freiwild.

Der einsame Gang durch die Menge, das Herumstreunen entlang der Steine aus unterschiedlichsten Zeiten, ist den Lesegewohnheiten des Intellektuellen eng verwandt. Dem Flaneur wie dem Intellektuellen haftet auf den ersten Blick Zerstörerisches an. Er zersetzt das, was er sieht oder liest. Nichts, was ihm begegnet, lässt er in Ruhe: Beim Anblick eines Prachtbaus hat er die Ruine vor Augen, in jedem Aufsatz wittert er Widersprüche. Auf den ersten Blick, so wurde einmal vom spanischen Philosophen José Ortega y Gasset angemerkt, scheint er ein Zerstörer, dem Metzger vergleich-bar, stets die Hände voll von Eingeweiden der Dinge. Er macht aus allen Dingen ein Problem, aus jedem Stein und jedem Satz macht er ein Problem. Das aber ist das höchste Kennzeichen von Liebe. Denn er wundert sich, wo sich nie-mand wundert. Der Kalender des nutzlosen, des überflüssi-gen, des untüchtigen Flaneurs besteht aus lauter Festtagen. Alles Kindliche, das er sich bewahrt, ist vergangen.

11 SCHENKEN

Irgendetwas fehlt immer. Befinden wir uns in einer robusten Ehe, denken wir an die fiebrige Lust einer Affäre. Haben wir eine fiebrige Affäre, sehnen wir uns nach einem festen Partner. Stets harren wir einer Wendung im Leben, finden einen Makel, der beseitigt werden muss, erwarten ein Geschenk des Himmels. Verdammt sind wir zu einem unstillbaren Begehren, einem nicht enden wollenden Wünschen und Sehnen, wir, die Unvollendeten.

Geschenke, die ich unverhofft bekam, sind mir haften geblieben. Zwei Wochen vor Weihnachten lag ich in dämmriger Stimmung im Bett. Ich mag wohl etwa fünf Jahre alt gewesen sein und hatte Mumps oder Masern, eine dieser Kinderkrankheiten. Meine Mutter muss ein Anfall heftigen Mitleids überkommen haben. Jedenfalls beschloss sie, Weihnachten vorzuverlegen, und platzierte auf dem Krankenbett ein pädagogisch inspiriertes Geschenk: eine elektronische Weltkarte. Mit dem elektronischen Stift konnte man auf Länder tippen, dann leuchteten die entsprechenden Hauptstädte auf – in Grün, Rot, Pink. Ein seltsames Geschenk, im

Rückblick betrachtet, aber doch eines, das mich, vom Fieber befeuert, in ferne Welten reisen ließ.

An die Geschenke, die ich ganz wunschgemäß bekam, erinnere ich mich nicht mehr. An eines, das ich nie bekam, schon: ein Schaukelpferd, das ich, Monate vor Weihnachten bereits, in einem Geschäft erblickt hatte. Ich wollte ein kriegerischer Indianer sein, und Indianer, das wusste ich aus Fernsehfilmen, mussten reiten. Meine Eltern beteuerten am Weihnachtsabend, dass sie das Pferd zwar zu kaufen beabsichtigt hatten, es aber ausverkauft gewesen sei, was, wer weiß, vielleicht sogar stimmte.

Jahre später erzählte der Pfarrer in der Schule die bekannte Geschichte vom verlorenen Sohn, der sein Erbteil in fernen Ländern verprasst. Der ältere Bruder sorgt derweil aufopferungsvoll für seinen Vater. Als der Jüngere verarmt zurückkehrt, lässt der Vater ihn prachtvoll einkleiden und veranstaltet ein großes Fest. Dieses ungerechte Geschenk passt dem Älteren, wie sich denken lässt, nicht. Doch der Vater sagt feierlich: »Du bist immer bei mir gewesen, was mein ist, ist dein. Freue dich über die Rückkehr deines Bruders, der tot war und wieder lebendig geworden ist.«

Das Glück, wie ich aufgrund allerlei Erfahrungen begriff, ereilt einen immer unerwartet, und wenn es einen ereilt, weiß man erst im Rückblick, dass es einen ereilt hat. Das Glück ist ungerecht, es befällt einen gnädig. Jeder Wunsch indes, der pflichtgemäß erfüllt wird, vergiftet.

Ich musste an das elektronische Gerät, an das Schaukelpferd, an den Schulpfarrer, den verlorenen Sohn, kurzum, an all meine Überlegungen zum Schenken wieder eines Abends denken, da Sabine unter allerlei Scherzen, alte, schlechtere Zeiten erinnernd, von einem Geschenk sprach, das sie von ihrem Freund, der erfolgreich etwas mit Kultur macht, während einer ausgesprochen schwierigen Phase ihrer Beziehung, in der man auf deutlichen Abstand zueinander gegangen war, erhalten hat. Das Paar hatte sich, wir hatten es erzählt, einst auf einer Vernissage kennengelernt und damals ganz zufällig und in ernsthafter Versenkung vor einem Bild herumgestanden, das einen Raben am Strand zeigte. Der Freund hatte nun, um seine Freundin an dieses frohe Ereignis zu erinnern, eben jenem Künstler, der die Manie hatte, auf Bildern ausschließlich Strände zu malen mit jeweils unterschiedlichen Tieren, die lagen, krochen oder standen, ein Bild abgekauft und es ihr, da man seinerzeit eine Weile lang sich weder sah noch miteinander sprach, per Kurier zuschicken lassen zur Bekräftigung seines lebhaften Versöhnungswunsches.

Sabine betrachtete es kopfschüttelnd, nachdem sie es mit einiger Mühe der Verpackung entkleidet hatte, musste aber nach einer Weile doch lachen. Es zeigte drei Hasen, die vor einem mächtig aufgewühlten Meer herumtollten, am Himmel ballten sich die Wolken in großer Unruhe.

Bereits das Rabenbild hatte Sabine insgeheim nicht behagt,

wie sie Jahre später erzählte. Erst recht nicht die Hasen. Von Ferne, gewiss, erinnerten sie die Bilder an Werke der Surrealistin Leonora Carrington, die sie durchaus schätzte, sie schienen ihr aber von der Meisterschaft der Künstlerin um Klassen entfernt. Zu stark war hier, anders als bei Carrington, deren Surrealismus aus sanften symbolischen Anspielungen, aus filigranen Verweisen sich speiste, Manieriertes, ja Grobschlächtiges ins Bild gesetzt. Eine aufdringliche Absicht, den Betrachter mit aller Gewalt zu beeindrucken, zu überwältigen war den Bildern eingeschrieben und zerstörte im Keim, wie sie empfand, beim Betrachten das freie Spiel der Vorstellungskräfte, das jedem Kunstgenuss zugrunde liegt.

Nur deshalb aber hat sie ihre Geringschätzung der Bilder ihrem Freund, der diese zu ihrem Entsetzen stets eindringlich vor Bekannten und Freunden pries, immer verheimlicht, da sie nicht unrichtig schloss, erzählte Sabine Jahre später, dass er den Werken aufgrund ihrer ersten Begegnung auf der Vernissage für sein Leben eine geradezu schicksalhafte Bedeutung zumaß, die sie zu zerstören damals sich scheute.

Das Bild, das drei herumtollende Hasen zeigte, stellte sie zunächst ratlos auf einem Stuhl ab, spülte gedankenverloren einige Tassen in der Küche, wischte Staub, wechselte die Bettwäsche aus, checkte ihre Mails, kaufte im naheliegenden Supermarkt ein, versuchte sich vergeblich in ein Buch zu versenken, dann in eine von ihr sehr geschätzte Wochenzeitung, hängte dann Wäsche auf, telefonierte ausgiebig mit ihrem Arbeitskollegen Hendrik und stand schließlich, ratlos wie zuvor, wieder vor dem Kunstwerk.

Es war, wie man leicht begreift, dann auch keineswegs das Bild, das die auf einem Strand herumtollenden Hasen zeigte, an sich, das sie zu einer, wenn auch verhaltenen, Dankes-SMS bewegte, worauf sich bald schon der Kontakt des Paares einigermaßen wiederbelebte, sondern einzig der Aufwand, den der Freund betrieben hatte, um wieder mit ihr ins Gespräch zu kommen. Und da dem Bild allerlei weitere Sendungen nachfolgten (Blumen, Bücher, italienisches Konfekt, Postkarten mit etwas dunklen Aphorismen irgendeines Schriftstellers) und eine stolze Anzahl ungemein zerknirschter SMS, schienen ihr nach all den Streitigkeiten die Demütigungen auf beiden Seiten wieder gleich verteilt, was eine Erneuerung der Beziehung halbwegs rechtfertigte.

12 FREIHEIT

Man kann sich den Gesichtsausdruck der jungen Französin, die, wie in jüngster Zeit so viele junge Französinnen und Franzosen, nach Berlin gezogen war, um ein bohemienhaftes Dasein zu führen, für das ihr Geld in Paris nicht ausreicht, gar nicht entsetzt genug vorstellen, als sie mir von einer Zugfahrt berichtete, die sie aus Vergnügungsgründen angetreten hatte. Die Deutschen, sagte die Französin, was sie in keinem Land der Welt bisher gesehen habe, zögen sich, sobald sie den Zug bestiegen und ihren Sitzplatz eingenommen hätten, allesamt immer die Schuhe aus. Das sei kurios! Ob ich ihr, da ihr die Landessitten noch etwas unvertraut seien, erklären könnte, was es mit diesem ihres Wissens in keinem Land der Welt üblichen Verhalten auf sich habe.

Auch mir, der ich immer sehr viel herumreise, war das Schuheausziehen in Zügen beiläufig aufgefallen, da ich aber zu diesem Zeitpunkt noch keine ausführliche Erklärung dafür hatte und mir selbst nie die Schuhe in der Öffentlichkeit ausziehe, verwies ich nur mitfühlend, was ja nicht falsch war, auf die Neigung der Menschen in diesem Land, es sich immer und überall bequem zu machen und sich zu entspannen. Das sei die deutsche Gemütlichkeit!

Doch ging mir der entsetzte Gesichtsausdruck der Französin nicht mehr aus dem Kopf. Seither studierte ich auf jeder Zugfahrt meine Mitreisenden besonders eingehend, und es bestätigte sich mir immer aufs Neue die Beobachtung der Französin, dass sich immer alle, sobald sie sich im Zug gesetzt haben, ganz eilig die Schuhe ausziehen. Nicht nur unbequeme, die Gefäße abschnürende Stiefeletten, nicht nur die neuerdings furchterregend spitz zulaufenden Herrenschuhe, vor denen die Orthopäden warnen. Nein, noch die luftigsten Sandalen werden abgestreift, sobald man die Gelegenheit dazu hat, als gelte es, Ketten des Unrechts von sich zu reißen. Dann werden die Füße immer auf den gegenüberliegenden Sitz platziert, sofern dieser nicht belegt ist. Der deutsche Fernverkehrszug ist ein Eldorado für Fußfetischisten mit allen Neigungsausprägungen. Für Liebhaber des schmalen, akkurat lackierten Damenfußes wie auch für jene, die sich am Hornigen vom älteren Herren erwärmen, für Netzstrumpfhosenzugeneigte wie für Anhänger von Tennissocken, die nach einem hochsommerlichen Gewaltmarsch durch den Schwarzwald im Trupp sogleich nach Einstieg am Hauptbahnhof Freiburg präsentiert werden.

Betrieben wird das Schuhe-Ausziehen von allen Schichten und von beiderlei Geschlecht, nur von ausländischen

Mitreisenden nicht, die in deutschen Zügen immer so erschrocken blicken wie Deutsche nur in ferner Länder Restaurants, wenn stolz ein Tier serviert wird, das ihnen als zu kuschelig gilt, um es zu verspeisen.

Gerne wird auch Beinfreiheit eingefordert und beworben. Die Beinfreiheit ist hierzulande in einem Ausmaß ein Thema, sobald eine Reise angetreten wird, vorzugsweise eine Flugreise, dass die Vermutung nicht fern liegt, bei der Beinfreiheit handele es sich nicht etwa um eine bestimmte Form der Freiheit, nämlich eben um die Bewegungsfreiheit des Beines, vielmehr scheint es, denn es wird ja immer mit einer solchen Inbrunst von der Beinfreiheit gesprochen, als sei die Freiheit seit je ein Synonym nur von Beinfreiheit, als sei die Freiheit an sich keine hinreichende ohne Beinfreiheit, als sei Freiheit nicht etwa immer die der Andersdenkenden, was ja auch immer gesagt wird, sondern als sei in Wahrheit die Freiheit ausschließlich die Freiheit des Beines, obgleich doch das Bein, recht besehen, selten eingeschränkt wird und es überdies, sollte es doch einmal eingeschränkt sein, gerade zu den großen Vorzügen des Beines gehört, und zwar nicht nur des deutschen Beines, dass es sich mühelos anwinkeln lässt. Mithin also ist die Bedrohung der Bewegungsfreiheit des Beines vernachlässigenswert, wohingegen, wie jeder weiß, das Hauptärgernis einer jeden Reise nicht der Mangel an Beinfreiheit ist, sondern es sind die Mitreisenden, die, da sie früher als gewohnt aufstehen mussten, nicht nur eine ausreichende Körperpflege sich versagt haben, sondern immer gleich ihre Schuhe ausziehen müssen und ihre Kinder, die, da auch diese früher als gewohnt aufstehen mussten, unausgeglichen sind und auch viel weinen. Aber nicht etwa weinen sie, weil sie unter der angeblich nicht vorhandenen Beinfreiheit leiden, sondern unter dem Umstand, statt, wie sie es gewohnt sind, im Kindergarten mit anderen Kindern spielen zu dürfen, sich den fortwährenden Gängelungen ihrer Eltern ausgesetzt sehen. Überallhin werden ja heute die Kinder mitgebracht, die man zu bemitleiden, da sie sich nicht wehren können, alle Gründe hat.

Wenn sich jemand die Schuhe auszieht und man ihn entsetzt fragt, weshalb er um Himmels willen dies tue, er sei doch nicht zu Hause, dürfte der Schuhauszieher sagen: Weil es bequem ist! – Welch Missachtung des Zeremoniells und der Haltung! Nur das Geheimnisvolle, das Spielerische, das Unentdeckte und Verhüllte zieht uns an, nur das Verborgene strömt den Zauber aus, der ungeahnte Möglichkeiten verheißt. Alles Eigentliche, Natürliche und Unbekleidete aber enttäuscht, vor allem bei näherem Hinsehen. Schöne Schuhe (von hässlichen, also bequemen, ist ohnehin abzuraten) sind dazu da, die Füße, die mithin zu Unförmigkeit neigen, für andere zu verbergen. Sich ihrer ohne Not zu entledigen ist eine fürchterliche Entgleisung. Eine derartige Entgleisung bricht sich immer Bahn, wenn der Bürger zum Kunden herabgewürdigt ist. Als Kunde entfaltet er sogleich jenes hässliche Anspruchsdenken, das ihn eine menschliche Nachlässigkeit der Erzieherin im privatisierten Kindergarten, den seine talentierte Tochter besucht, nicht mehr dulden lässt. Dem Standesbeamten nötigt er jene feierliche Stimmung ab, mit der seine Service-Stadt wirbt. In der Bahn entweiht er den öffentlichen Raum, indem er sich die Schuhe auszieht.

Auch deshalb ist immer größtes Misstrauen geboten, wenn, was bekanntlich sehr häufig geschieht, davon die Rede ist, dass man sich endlich einmal entspannen müsse! Es wird sich zu viel entspannt. Die Cafés und Bars sind nicht mehr mit unbequemen Bistrostühlen ausgestattet, die eine gewisse Haltung regelrecht erzwangen, sondern mit Sofas, die zum Herumliegen einladen. Wir selbst, wie mir gerade mit Erschrecken einfällt, die Französin und ich, lagen ja eher, als dass wir saßen, auf den Couches des Cafés an jenem Tag, als sie wissen wollte, weshalb sich in Deutschland alle immer in den Zügen die Schuhe ausziehen. Dort, dachte ich, wo man sich disziplinieren müsste, lässt man sich gehen, dort, wo man sich gehenlassen sollte, diszipliniert man sich heute. Alles hat man auf den Kopf gestellt, ganz hässlich verdreht. Auf den wildesten Partys wird einem die Zigarette nicht mehr gegönnt, aber die Schuhe zieht man sich mit der größten Selbstverständlichkeit immer und überall aus.

Trauen, sagte ich der Französin – auch, um sie auf weitere

Beobachtungen der schändlichsten Sitten hierzulande schonend vorzubereiten –, sollte man niemandem, der sagt, er
müsse sich entspannen. Wer immerzu sagt, er müsse sich
entspannen, betont immerzu, wie viel er doch arbeiten, wovon er sich entspannen müsse. Mithin, er verrechnet die Arbeit mit seiner Freizeit, was die Freizeit zur Funktion der
Arbeit degradiert. Die Freizeit ist dann der Ort, der keine
Mühe, keine Aufregung, keinen Übermut, keine Unfreund-
lichkeit mehr lohnt.

13 FEIERN

Wir kamen genau zum richtigen Zeitpunkt an. Spät, aber nicht zu spät, gegen halb elf betraten wir die neue Wohnung von Stephan und Monika, die sie an diesem Tag mit einer Feier einweihten. Allerorts wurde geplaudert und gemurmelt, irgendwo auch laut gelacht. Auf dem Balkon froren, wie es üblich geworden ist, die Raucher und erkälteten sich. Nach den seit Jahren obligatorisch gewordenen Wangenküssen, die mit den Gastgebern unter allerhand Scherzen ausgetauscht wurden, bekundeten die Frau, die mich gut kennt, und ich womöglich etwas zu überschwänglich Begeisterung für die Wohnung, bemerkten ihre Größe (»Hier kann man sich ja verirren!«), die hohen Wände, die Einrichtung, darunter Sessel aus den 60er Jahren, die, wie Monika erzählte, sie erst gestern in einem kleinen Secondhand-Möbelladen unweit des neuen Zuhauses erstanden hatte. Wir lobten die Lage der Wohnung und den blitzenden Parkettboden, worauf Monika, die ein eng anliegendes grünes Top anhatte, nur wie beiläufig eine Augenbraue hob.

Wir hatten, da sie neu in der Stadt war, eine uns flüchtig bekannte junge Französin mitgebracht, die sich gleichfalls den Gastgebern vorstellte, und zwar auf angenehm unbeholfene Weise, die man, glaube ich, als Schüchternheit auffasste. Stephan reichte uns Wein, einen, wie er sagte, großartigen Bordeaux Saint Estèphe, sprach von seiner großen Freude, uns wiederzusehen. Monika nahm sich derweil der Französin an, indem sie ihr auf Nachfrage allerhand über ein vor einiger Zeit von einem nicht völlig bekannten, aber äußerst vielversprechenden Künstler erstandenes Bild erzählte, das im Wohnzimmer recht mächtig über der Couch hing und einen im Sand pickenden Raben am Strand zeigte.

Ich suchte kurz darauf das Badezimmer auf. Schon großzügig, dachte ich, eine Dusche und eine Badewanne, zwei Waschbecken, ein Bidet, feine, südländisch anmutende Bekachelung, allerlei Tübchen, Döschen und Gerätschaften zur Gesichts- und Haar-, zur Wimpern- und Nagelpflege. Mein Blick blieb kurz, da ich mich an etwas erinnert zu haben glaubte, an einem aus rein natürlichen Inhaltsstoffen hergestellten Lippenstift der Marke »Dr. Annegret Weidlinger« hängen, den ein Schlangenbild zierte.

Als ich ins große Wohnzimmer trat, in dem zahlreiche weiße Regale standen, winkte vom Balkon her zunächst nur heiter zu mir, wankte aber dann, schon angeheitert, mein Freund herbei, der erfolgreich etwas mit Kultur macht, erzählte nach einigen Belanglosigkeiten, dass er wieder irgendeinen Ärger mit seiner Freundin habe, weshalb er unbegleitet hier sei, und kam dann, nachdem wir vergeblich nach unbenutzten Gabeln für die in großen Schüsseln herumstehende Polenta gesucht und zwei, drei Gläser Wein getrunken hatten, ganz unvermittelt auf ein ihn bedrückendes Haarproblem zu sprechen. Er empfand sich, wie er sagte, als zu stark behaart, alle Männer würden sich ja heute vom Kinn an abwärts alle Haare abrasieren usw.

Dann zündete der Freund, der ewigen Hin- und Herlauferei vom Wohnzimmer zum Balkon und umgekehrt müde geworden, sich mitten im Wohnzimmer ein Zigarette an, was Monika sogleich dazu bewog, sich von der Französin zu lösen (noch immer hatten sie vor dem Bild gestanden) und Stephan, der mit der Frau, die micht gut kennt, zwischenzeitlich in ein Gespräch verstrickt war, hektisch zur Seite zu nehmen und ihn, so schloss ich jedenfalls, zu bedrängen, seinen guten alten Freund, der erfolgreich etwas mit Kultur macht, auf das Rauchverbot aufmerksam zu machen. Worauf wiederum Stephan diesen hektisch zur Seite nahm, ihm etwas, das ich nicht hören konnte, zuflüsterte, was aber nur zur Folge hatte, dass der Freund ihm den Rauch lachend ins Gesicht blies und ihn, angeheitert wie er war, umarmte. Gleich darauf breitete er die Arme erneut aus, lachte Monika an, nannte sie freudestrahlend »Moni!« und umarmte sie gleichfalls stürmisch.

Monika schrie hell auf, die Französin lachte. Und es trat,

was ich in etwa befürchtet hatte, ein. Monika schlug dem Freund, der erfolgreich etwas mit Kultur macht, die Zigarette aus der Hand (die in hohem Bogen in eine Schüssel Polenta flog, was nicht unlustig anzuschauen war), ohrfeigte ihn, sagte: Danke, dass du mich vergiftest, und zeigte mit bebender Brust zur Wohnungsstür. Sie hatte auch schon ausgeholt, wie ich mit Erschrecken, wenn auch nicht mit Verwunderung bemerkte, mit ihrem rechten Fuß, der in einem spitz zulaufenden Stöckelschuh steckte, gegen sein Schienbein zu treten. Stephan, von zurückhaltender Natur, versuchte zu vermitteln und überhaupt dem ganzen Geschehen, auch da die umstehenden Gäste neugierig zu den Konfliktparteien herüberblickten, einen ganz beiläufigen und scherzhaften Anstrich zu verleihen, indem er laut »Kinder! Kinder!« rief und hektisch lachte.

Wie sich denken lässt, löste sich das Fest bald auf. Der Freund, der erfolgreich etwas mit Kultur macht, verabschiedete sich flüchtig von Stephan und trat, wie ich verwundert bemerkte, in Begleitung der Französin wortlos aus der Wohnung.

Von allen wurde, auch um die Verlegenheit, in die man geraten war, zu zerstreuen, regelrecht euphorisch die Gastfreundschaft gerühmt und noch einmal zur ausnehmend geschmackvoll eingerichteten und geräumigen Wohnung gratuliert, der Parkettboden bewundert usw.

Auf dem Nachhauseweg sagte ich zu der Frau, die mich

gut kennt, dass ich, als Stephan mit Monika zusammengekommen war, gleich ganz misstrauisch gewesen sei. Sie hatte, sagte ich, als Stephan sie mir einst vorstellte und wir gemeinsam einen Wein tranken, in ganz nervöser, ja, wie mir schien, verkrampfter Weise über Hannes Maria Wetzler, ihren Promotionsgegenstand, den bayerischen Schriftsteller, den kaum noch jemand kennt, gesprochen. Wetzler, sagte ich, dessen Romane auf vertrackte Weise euphorisch das Stadtleben feierten im Gegensatz zum Landleben, das er immer als barbarisch, als entfremdet geißelte, litt an der Bechterewschen Krankheit, die zur Versteifung des Rückens führt, weshalb es auch die anrührendsten Fotos von ihm gibt. Sie zeigen ihn in äußerst gebückter Haltung vor seinem Wohnhaus, einem ehemaligen Bauernhof.

Ganz misstrauisch hat mich gemacht, sagte ich, dass Monika, als ich sie kennenlernte, behauptete, die Bechterewsche Krankheit habe gar keinen Einfluss auf Wetzlers Schaffen gehabt, die Bechterewsche Krankheit werde in der Forschung überschätzt. Überschätzt!, rief ich auf dem Nachhauseweg aus. Ein Blick nur auf die Fotos, auf Wetzler, der mit, wie es scheint, allerletzter Kraft gegen die ganze Gewalt der Erdanziehungskraft den Kopf zum Fotografen emporstreckt und schief lächelt, genügt, um sich ganz sicher zu sein, dass Wetzler im fortgeschrittenen Alter gar nichts anderes als die Bechterewsche Krankheit beschäftigt haben *kann*. Vom Zeitpunkt der Aufnahmen an, Wetzler war damals siebzig und lebte mit seiner noch ein deutliches Stück älteren Haushälterin zusammen, hat er noch vier Romane fertiggestellt, den letzten, der wohl sein bester ist, diktiert, da ihm die Finger an der Schreibmaschine den Dienst versagt hatten.

Wie kann man nur, fragte ich, um das ganze Ausmaß der Bechterewschen Krankheit, die Wetzler peinigte, wissen und ihr keinen Stellenwert einräumen? Worauf ich antwortete: Man tut derlei nur, um originell zu wirken. Etwa an der Uni, dem Professor, dem Chef gegenüber usw. Wer aber originell wirken will mit aller Gewalt, ist natürlich nicht originell, sondern, im Gegenteil, oft nur völlig angepasst. Zur Angepasstheit gehört ja, dass man ganz mechanisch das Gegenteil des Naheliegenden sagt. Das ist dann das Erwartbarste überhaupt. Es wirkt frisch, ohne es zu sein. Oft, sagte ich, ist mir in Gegenwart Monikas ein Satz aus einem Drama eingefallen, ich weiß nicht mehr, welches, darin wird jemand sinngemäß gefragt: Ist da nicht irgendetwas in dir, was dir sagt, du lügst, du lügst?

Das schwelende Ahnen der eigenen Lebenslüge, sagte ich, führt, da die Lebenslüge ja nicht völlig ans Licht darf, zur übersteigerten Selbstkontrolle und ab und an, da die übersteigerte Selbstkontrolle ja so anstrengend ist, zu den grässlichsten Hassausbrüchen. Der Hass muss dann einfach hinaus in die Welt. Hast du gesehen?, sagte ich noch, sie hat ihn beinahe getreten.

91

14 TRINKEN

Nach dem fünften Bier waren wir in Sankt Petersburg. Der Soziologe sagte, dass es dort im Juni nicht dunkel werde. Selbst dann, wenn die Sonne sich hinter die Dächer schiebe, für nur drei Stunden, in der Nacht auf dem Newski-Prospekt, da erahne man bereits ihren Aufgang. Es sei, als kämpften die Strahlen beharrlich um ihr Leben, als hätten sie sich für eine kurze Verschnaufpause nur zurückgezogen. Und nach dem sechsten Bier, da sagte der Soziologe auch, dass die Menschen in Sankt Petersburg heftiger flirteten als in Deutschland, und womöglich liege dies an der nimmermüden Sonne, die die Gemüter der Stadt erhitze. Er sprach von Blicken, die an ihm vorübergeschweift seien in der Dämmerung. Natürlich spiele in Russland der Alkohol eine größere Rolle als hierzulande, auch dies gelte es zu bedenken, sagte der Soziologe und lachte laut auf. Ein Rausch sei das, der in den nächsten Morgen hinübergerettet werde und der die schlaflosen Gestalten der Stadt einander regelrecht in die Arme treibe. Dann wankten sie davon, auf den vom Zentrum wegfließenden Straßen.

Der Soziologe strich mit dem Zeigefinger einen krummen Straßenverlauf in der Luft nach. Beschwipst seien die Paare, doch beschwingt, denn Wodka führe, in Maßen genossen, zur Belebung des Eros. Zumindest sei das ganz deutlich sein Eindruck gewesen, irgendwann vor einigen Jahren, sagte der Soziologe, damals, als er sich bei russischen Freunden in Sankt Petersburg aufgehalten hatte. Dann stützte er sein Kinn auf die rechte Hand und blickte mit glasigen Augen auf die verwaisten Biertische um uns herum.

Der imaginäre Ausflug nach Sankt Petersburg war beendet, wir saßen wieder, es war Sommer, auf Bierbänken vor einer Kneipe, und eine mürrische Wirtin beschloss abzukassieren, legte wortlos die Rechnung auf den Holztisch. Und der Soziologe sagte noch, er müsse morgen früh aufstehen, um einen Aufsatz zu schreiben. Reichte dann zum Abschied, nur wenig wankend, die Hand.

Wir hatten uns vier Stunden zuvor getroffen. Um zu trinken und dabei über Alkohol zu sprechen. Der Soziologe hatte ein wunderbares Buch über das Trinken geschrieben, und ich beabsichtigte, den Soziologen zu porträtieren und dabei sozusagen nebenher etwas über das Trinken zu schreiben, das ja auf die absurdeste Weise in Misskredit geraten ist. Alles nämlich, was der Soziologe in seinem Buch über das Trinken geschrieben hatte, war vollkommen wahr. Der Soziologe schrieb in seinem Buch, was mit meinen eigenen Gedanken über das Trinken aufs Schönste übereinstimmte, wie stark doch unser Blick auf den Alkohol von kulturellen Normen abhänge, wie sehr er von Annahmen und Deutungen abhänge, die kaum etwas mit dem Alkohol selbst zu tun haben.

Er machte das an diesem warmen Sommerabend noch vor seinem ersten Bier anschaulich. Sie werden, sagte der Soziologe, die Penner gesehen haben, als Sie aus der U-Bahn gestiegen sind, Leute, die sich kaum auf den Beinen halten können. Es ist gar nicht selbstverständlich, dass wir sie als alkoholabhängig begreifen. Denn dass Alkohol als eine Krankheit betrachtet werde, der Soziologe hob kurz den Zeigefinger, sei ein ganz neues Phänomen. Erst zweihundert Jahre alt. Vorher, da wäre man gar nicht auf die Idee gekommen, diese Leute als süchtig zu bezeichnen, man hätte gesagt, ja, die trinken zu viel, und dies sei nicht gut für das Eheleben und die berufliche Karriere, niemand aber hätte gesagt, die seien alkoholkrank.

Aber die Menschen seien im Laufe der Geschichte immer disziplinierter geworden. Der Soziologe sagte es streng, mit nervöser Intellektualität, um Präzision des Ausdrucks bemüht. Erzählte, dass Alkohol in der Antike niemals auf diese überreizte Weise mit Moral in Verbindung gebracht worden war, und verwies auf üppige Trinkgelage, die zum Pflichtprogramm eines jeden geselligen Abends gehörten, mit sich daran anschließenden weitergehenden Exzessen und Lustbarkeiten. Auch für das angeblich so düstere

Mittelalter war der Rausch, trotz kirchlicher Mahnungen, ein ganz selbstverständlicher Bewusstseinszustand. Alkohol sei nicht nur eine Alltagsdroge, sondern überlebenswichtig gewesen, ein Nahrungsmittel; ohne Alkohol wäre man vermutlich verhungert.

Doch, ach, dann seien die Zwänge der modernen Welt über uns hereingebrochen, sagte der Soziologe, der noch recht jung war, in seinen Dreißigern. Er sprach von Selbstkontrollapparaturen, die man sich angeeignet habe, dieses schlechte Gewissen, das unsere Zeit stärker präge als jemals zuvor. Er dürfe ja seine Seminare an der Universität nicht besoffen abhalten, das wäre ein Normbruch, und randalieren hier und jetzt, in der Kneipe, wäre auch unangemessen. Dann nahm der Soziologe einen großen Schluck Bier aus seinem 0,5-Liter-Kelch, es war, ohne dass wir es merkten, dunkel geworden, und sagte, Alkohol sei in unserer Welt eigentlich dysfunktional. Dienst ist Dienst, und Schnaps ist Schnaps.

Allerdings, sagte ich, wobei noch vor wenigen Jahren, was ich aus eigener Anschauung wusste, das Biertrinken in der Mittagspause, vor allem in Bayern, als Bayern noch zünftig und verlottert war, zu den Gewohnheiten noch der biedersten Staatskanzleibeamten gehörte. Zwei, drei dieser dort üblichen riesengroßen Gläser habe man in der einstündigen Mittagspause zu sich genommen, bevor man sich weiter ans Werk setzte mit erneuerter Kraft. Auch habe mir, sagte ich, jüngst eine Französin erzählt, dass in Paris, was vor kurzem immer ganz obligatorisch war, nicht mehr Wein getrunken werde in der Mittagspause, eine sie selbst völlig irritierende Kulturrevolution.

Der Kreuzzug gegen den Alkohol begann in der Neuzeit an den großen Höfen, fuhr der Soziologe fort. Die Höflinge, von Intrigen umsponnen, mussten wachsam bleiben, um die Gunst des Herrschers buhlen, übermäßiger Alkoholkonsum hätte ihre Selbstkontrolle aufs Spiel gesetzt. Und der Bürger, der konnte auch nicht mehr saufen, wie er wollte, das hätte seine Geschäfte ruiniert; nüchtern musste er frühmorgens seine Buchhaltung überprüfen. Und dann hätten zu allem Überfluss noch die Protestanten, die zur Lustfeindlichkeit neigten, den Alkoholkonsum scharf verurteilt. Selbst Martin Luther, obgleich selbst dem Alkohol verfallen, warnte vor dem Deutschen Teufel, der, wie er schrieb, Weinschlauch heiße.

Nun sei, sagte ich, natürlich der Alkoholkonsum noch nicht vollständig abgeklungen. Abends werde schon noch hier und da, wenn auch immer seltener und weniger und völlig verschämt, getrunken. Ja, sagte der Soziologe, es werde getrunken, um den Alltagszwängen kurzweilig zu entweichen. Alkohol habe ja eine enthemmende Wirkung, Männer würden Frauen ansprechen, neigten untereinander zu Verbrüderungsritualen. Für die Arbeiterbewegung sei Alkohol ausgesprochen sozialstiftend gewesen. Das erkläre, sagte der Soziologe, warum die Gewerkschaften in den USA noch heute so schwach ausgeprägt seien. Die Prohibition habe die sich bis dahin fröhlich im Alkohol verbrüdernden Arbeiter voneinander entfremdet. Vor allem aber rege Alkohol die Phantasie an und lasse Gefühle zu, die ansonsten unterdrückt würden. Das hätten Biologen auch bei Elefanten festgestellt, sagte der Soziologe. Die seien nämlich ganz verrückt nach gegorenen Früchten. Mit ihrem langen Rüssel würden sie die staubige Erde nach ihnen abtasten und sie gierig verschlingen. Und aggressiv wären die dann, könnten herannahende Menschen mit ihrem Rüssel im Rausch erschlagen.

Das sei ja bekannt, sagte ich, dass Alkohol gefährlich sei, fügte ich hinzu, Autounfälle, Gewaltverbrechen, Elefantenangriffe, Leber- und Herzerkrankungen gingen auf seine Kosten. Ich sagte das natürlich nur, um das Gespräch in Gang zu halten. Richtig, sagte der Soziologe, doch dürfe man ihn nicht auf diese Wirkung reduzieren, und wie aus Trotz nahm er einen großen Schluck aus seinem Bierglas. Es sei doch nicht verwunderlich, fuhr er fort, dass der eine oder andere – er selbst habe das unter Kontrolle – ausschweifend und regelmäßig trinke. Alkohol biete ein Ventil. Wir lebten in einer entbehrungsreichen und von Zwängen geplagten Welt; nebenbei sprach er von einer verflossenen Liebe.

Dann zeigte der Soziologe eine Statistik aus der Aktentasche. Aus dem Balkendiagramm ging hervor, dass verheiratete Frauen am wenigsten trinken.

Stecken sie hingegen in unehelichen Lebensgemeinschaften, trinken sie fast doppelt so viel. Womöglich hänge dies nicht nur mit einer ausgeprägten gegenseitigen Kontrolle, sondern auch mit den Kindern zusammen, sagte der Soziologe. Die würden bei vielen zu einer gewissen individuellen Sinngebung beitragen. Dann bestellte er ein Bier und begann von Sankt Petersburg zu erzählen, wo es im Juni nicht dunkel werde. Selbst dann, wenn die Sonne sich hinter die Dächer schiebe, für nur drei Stunden, in der Nacht auf dem Newski-Prospekt, da erahne man bereits ihren Aufgang. Es sei, als kämpften die Strahlen beharrlich um ihr Leben, als hätten sie sich für eine kurze Verschnaufpause nur zurückgezogen.

15 MUT

Ich war an diesem Morgen allerbester Laune. Ich hatte lange geschlafen und am Tag zuvor die endlos, wie mir schien, sich in die Länge hinziehende Reportage, die bald mehrere Zeitungsseiten füllen würde und die mir für zwei volle Wochen eine von allen mir ansonsten willkommenen Vergnügungen abgewandte Lebensweise aufgenötigt hatte, abgegeben. Ich kochte mir einen Kaffee, blätterte durch die Zeitung und ging dann flüchtig meine E-Mails durch. Eine war von Monika und Stephan, die eine Einweihungsfeier ankündigten. Die Einladungskarte war der Mail angehängt und sorgsam gestaltet worden: Monika und Stephan waren darauf abgebildet. Sie saßen Grimassen ziehend auf Umzugskartons. Darüber stand: Wir haben es geschafft. Kommt vorbei!!!!

Ich weiß noch ganz genau, wie sehr mich dieses Foto angerührt hat. Stephan hatte es ja nicht leicht gehabt in den vergangenen Jahren. Obgleich alles so gut begonnen hatte. Noch als Student war er für den Vorentwurf einer gewagten Häuserzeile mit einem üppig dotierten, von einer Bank ausgelobten Preis geehrt worden. Die abstrakte Skulptur, die ihm dabei überreicht worden war und die nur sehr vage an ein Haus erinnerte, hat er mir mit angenehm vorgespielter Bescheidenheit einmal gezeigt und dabei stockend erzählt, auf welch unglückliche Weise er, der früh Erfolgreiche, sich von seinem ersten Arbeitgeber, da seine Stelle aus niederen Motiven nicht verlängert wurde (man wollte um jeden Preis eine unbefristete Festanstellung im Haus vermeiden), verabschiedet hatte.

Er betrat damals an seinem letzten Arbeitstag das Großraumbüro, um seine Unterlagen zu entsorgen, sah seine Kollegen, wie sie durch ihre dunkel umrandeten Brillen in geschäftiger Weise abwechselnd Bildschirme und Zeichnungen taxierten. Stephan, während er sich durch das kurz geschnittene Haar fuhr, rief laut, dass er froh sei, diesen Drecksladen nie mehr wiederzusehen, packte in größtem Eifer seine Sachen und rief noch einmal ganz laut: »Drecksladen!« Dann war er in das Büro der beiden Geschäftsführer getreten, die zunächst mit nur vorgetäuschter Aufmerksamkeit vom Bildschirm zu ihm aufschauten, stampfte, was einem unbeteiligten Zuschauer amüsant erschienen wäre, mit seinem rechten Fuß auf den Parkettboden, rief laut »Drecksladen!« und warf noch, was aber unbeabsichtigt geschah, beim Hinaustreten die Glastür mit derart großem Schwung zu, dass sich ein ganz feiner Riss unmittelbar am metallenen Türgriff zeigte (Stephan wurde über diesen

Umstand schon wenige Tage später durch ein per Einschreiben versandtes, von einem Rechtsanwalt abgefasstes Schreiben samt Schadensbericht und absurd hoher Rechnung belehrt).

Natürlich hatte der zornige Auftritt die allerungünstigsten Nachwirkungen. Der Verfilzungsgrad der Branche ist bekanntermaßen enorm, die Architekten, die sich untereinander in der Stadt ja alle kennen, tauschten sich mit nicht wenig Gelächter über den energischen Auftritt Stephans aus, man sprach mal mitleidig von falschem Heroismus, dann wieder rollte man die Augen über die Dummheit des Vorfalls. Kurzum: Es hat Jahre gedauert, bis Stephan, der zwischenzeitlich sogar aushilfsweise in einem Café als Bedienung arbeitete, zur großen Beruhigung seiner Eltern, die kleinen Verhältnissen entstammen, mühsam wieder Fuß fasste, zunächst freiberuflich.

Ganz entschieden, wie ich noch genau weiß, habe ich Stephans Wutausbruch, als er mir die abstrakte Skulptur, die vage an ein Haus erinnerte, zeigte, ihm gegenüber verteidigt, wenngleich ich natürlich wusste, dass sich der Zorn hier auf die unkontrollierteste und unklügste Weise Bahn gebrochen hatte.

Das war mutig!, sagte ich mehrmals. Stolz sei wichtig, sagte ich. Man dürfe sich nicht alles gefallen lassen! Der Zornige sei heute der Unverstandene!

Ach, sagte Stephan nur und blickte, wie mir schien, kurz

selbstvergessen auf die Skulptur, lächelte dann doch, sagte, es habe gewiss auch sein Gutes gehabt.

Monika!, sagte ich rasch.

Monika, sagte Stephan.

Die beiden, was man wissen muss, haben sich kennengelernt in jener Zeit, als Stephan aushilfsweise in einem Café arbeitete, das vorzugsweise von Müttern mit ihren Kindern aufgesucht wird. Monika, die seit langer Zeit schon ein großer Kinderwunsch umtrieb, traf dort immer eine Freundin, die zumeist ihre kleine, zur Weinerlichkeit neigende Tochter an ihrer Seite hatte, was einerseits, wie ich mir heute denke, Monikas Neid beflügelt haben muss, andererseits aber auch die Tatkraft, sich endlich einen humorvollen und zärtlichen Partner zuzulegen, was, da die Ansprüche doch recht hoch waren, nicht ganz einfach war.

Schließlich aber lag das Gute so nah. Die Blicke der beiden kreuzten sich ab und an verfänglich, wenn er die Kaffees mit allerhand Scherzen an den Tisch brachte, sie sprachen ein wenig über Viertel der Stadt, die gerade interessant seien, über den Herbst, der so lustige Blätter abwarf, über Musikgruppen, die sie beide liebten. Auch zeigte sich Stephan wie bezirzt von der Tochter der Freundin Monikas, indem er ihr väterlich über den Kopf strich, wenn sie, wie es sehr häufig geschah, anlasslos weinte. Sobald Monika in das Café eintrat, spielte er, da er wusste, dass sie derlei mochte, wehmütige Lieder einer französischen Chanson-Sängerin.

Als Stephans Schicht eines späten Nachmittags endete und er von einer rothaarigen Spanierin abgelöst wurde, saß Monika noch an ihrem Platz, ihre Freundin hatte sich mit ihrer Tochter bereits verabschiedet, so dass, wie sich jeder denken kann, man den Abend, da es sozusagen der Zufall so eingerichtet hatte, gemeinsam verbrachte bei einem Italiener vor einem Vorspeisenteller, dem zwei mächtige Hauptspeisen folgten. Und beim Grappa, den es frei Haus gab, berührte er im Eifer des Gefechts sehr geschickt, nämlich wie aus Versehen, ihre Hand, die sie sogleich ergriff, und den verbliebenen Gästen war das Schauspiel eines womöglich, wie ich es mir vorstelle, etwas unbeholfenen, aber durchaus innigen, einer Fotografie würdigen Kusses vergönnt, der sich sehr in die Länge zog.

16 FRANKREICH

Es mussten ja auch gleich drei Wochen sein!, sagte Sabine und schüttelte den Kopf. Drei Wochen am Meer! Du kennst ihn ja, sagte sie. Im Urlaub, anders als zu Hause, hat er nicht die geringste Lust, eine Kirche zu betreten oder ein Museum. Er habe ja zu Hause, sagt er immer, sagte sie, seine Kultursachen, mit denen er sein Geld verdiene, er fahre doch nicht in den Süden, um in ein Museum zu gehen! Von morgens bis abends saß er in einem schattigen Café, bestellte sich Pernod, las, sagte sie leicht vorwurfsvoll und spitz auflachend, auf deine und Monikas Empfehlung hin diesen bayerischen Schriftsteller, Wessler, Watzler, ach egal, zwischendurch badete er im Meer. C'est tout!

Sie fuhr sich energisch mit der Hand durch die hellblonden Haare, sagte: Einfach war es nicht! Den Urlaub konnte ich mir eigentlich gar nicht leisten, aus Zeitgründen. Seinetwegen bin ich nur mitgefahren. Das ist nicht so einfach, wenn du selbständig bist. Ich musste meine Mails lesen, telefonieren, Entscheidungen fällen, er trank Pernod und las kichernd diesen Wassler.

Sabine, bevor sie das sagte, hatte sich, nachdem ich sie zufällig in einem spanischen Restaurant erblickt hatte, für eine Weile zu mir gesetzt (sie saß zunächst, als ich in das Restaurant trat, mit zwei Freundinnen zusammen und trank, was mir gleich als ein Zeichen von fataler Übellaune erschien, nach dem Essen, was sie für gewöhnlich nie tat, einen Schnaps). Ich wiederum saß in größerer Runde, einer prächtigen Zusammenkunft zum 38. Geburtstag eines nicht unbekannten Dramatikers, den man, worüber er sich ausnehmend ärgerte, im besten Mannesalter als Wunderkind bezeichnete, die nur getrübt war durch hier und da aufkeimendes Geschrei der Kinder, die manche Eltern, wie es üblich geworden ist, noch zur Nachtzeit mit in ein Restaurant bringen.

Es muss, dachte ich mir, an dem Schnaps gelegen haben und dem Wein zuvor, dass Sabine derart umstandslos den Tisch wechselte, wobei ein nicht unbekannter Theateragent sich, was an Unhöflichkeit grenzte, mit einiger Umständlichkeit umsetzen musste – egal. Nur wegen des Schnapses und des zuvor konsumierten Weines, dachte ich mir, als sie in ihrer Urlaubsberichterstattung fortfuhr, vertraut sie sich mir an, der ich doch denkbar ungeeignet bin für Indiskretionen, da ich mit ihrem Exfreund befreundet bin. Andererseits, dachte ich, nimmt sie ihren Alkoholkonsum, von dem sie annehmen musste, dass er mir aufgefallen war, gewissermaßen als Vorwand für die intimsten Geständnisse, um den

Freund, der etwas mit Kultur macht, in ein schlechtes Licht zu stellen.

Nun, man musste derlei doch entschuldigen. Vor zwei Wochen hatte Sabine, zunächst mehr erschrocken über die Albernheit der Entdeckung als über die Entdeckung selbst, wie mir der Freund, der erfolgreich etwas mit Kultur macht, noch ganz unter Schock stehend am Telefon erzählte, unter seinen stark gekräuselten Brusthaaren einen großen, an die Umrisse eines unförmigen Landes erinnernden Knutschfleck entdeckt. Wie Frankreich, hatte Sabine nur gesagt, woraus sich aber rasch ein Wortwechsel entspann, der eine langjährige Beziehung zu beenden drohte.

Zunächst hatte der Freund, der erfolgreich etwas mit Kultur macht, noch bevor der Schrecken einsetzte und er zu allerlei völlig unglaubwürdigen Ausreden (die sich überdies widersprachen) ansetzte, wirr aufgelacht, denn natürlich war es ein völlig grotesker, jeder Wahrscheinlichkeit spottender Zufall, dass Sabine ausgerechnet den Knutschfleck, den die Französin im Eifer eines wilden, ganz und gar unkontrollierten Handgemenges hinterlassen hatte, mit den Umrissen Frankreichs assoziierte.

Nein, sagte Sabine, es lag nicht an der Französin. Ich bin nicht naiv, verstehst du, so was passiert. Es war der Urlaub in Südfrankreich. Dass wir ausgerechnet auch noch in Frankreich waren, wo mich doch später eure Französin demütigte – egal. Alleine bin ich in Frankreich, weil der Herr

Pernod trank und deinen Wetzel las, mit dem Mietwagen in die Museen gefahren, stand in Arles vor einem kleinen Faun aus Bronze aus dem ersten Jahrhundert vor Christus, verstehst du? Völlig allein, um mich herum die vergnügtesten Reisegruppen. Und dauernd rief Hendrik vom Büro an. Ich stand alleine vor diesem Faun aus Bronze, und er rief wegen irgendeiner Scheißrechnung an, die er nicht verstand. Musst du gleich drei Wochen weg sein, sagte er, mitten in unserem Projekt. Dann legte er auf.

Ungefähr eine Stunde sprach Sabine mit der größten Aufregung auf mich ein. Zwischendurch unterbrochen nur vom nicht unbekannten Dramatiker, der ihr einen Wein bestellte, ihr zuprostete, und von dessen gleichfalls nicht unbekanntem Theateragenten, der sie, was sich als schwierig erwies, vom gegenüberliegenden Tischende ins Gespräch zu verwickeln suchte und später, als Sabine schon aufgebrochen war, ihr ganz helles, ganz stark an Porzellan und entsprechende Puppen erinnerndes Gesicht rühmte.

Allerhand hatte Sabine in dieser Stunde erzählt. Abends, als sich das Paar in Südfrankreich in den, wie es Sabine schien, viel zu kleinen Bungalow zurückzog, checkte sie noch einmal auf ihrem Smartphone die E-Mails, beantwortete aber nur die dringlichsten, jene, die zumeist mit einem roten Ausrufezeichen versehen waren, während der Freund, der erfolgreich etwas mit Kultur macht, auf der Terrasse ihn einen kurz darauf schon enttäuschenden Wein entkorkte, von dem er gleich eine ganze Kiste gekauft hatte in einem kleinen Laden, den ein ganz alter Mann betrieb, dessen klischeehaft südländisch sonnengegerbtes und wie aus der Zeit gefallenes Gesicht Vertrauen einflößte. Er kam mir vor, sagte er Sabine durchaus eindringlich, wie ein ganz alter Schauspieler aus einem frühen Truffaut-Film, den man verlebendigt hat, den man aus der Todesstarre erweckt hat.

Sabine, die mit einiger Selbstdisziplin jene ungeheuren Kulturschätze Südfrankreichs erkundete, welche sie sich jeweils am Abend zuvor bereits auf ihrem Smartphone besah (unter anderem die mittelalterlichen Festungsmauern von Carcassonne, das Château de Gordes mit seinen zahlreichen, nicht uninteressanten Cheminées, ein Picasso-Museum, dessen Exponate, Kunst hin, Kunst her, ihr als zu vulgär erschienen), war zwar aufgrund der jeder Geselligkeit grob zuwiderlaufenden Selbstzufriedenheit und Einkehr ihres Freundes aufs Äußerste verbittert, doch entflammte sich ihr Zorn immer an einem ganz kleinen, für Außenstehende kaum begreiflichen Anlass. Der Freund, der erfolgreich etwas mit Kultur macht, hat die Angewohnheit, wenn er sitzt, sich immer mal wieder kurz und selbstvergessen an der Wade zu kratzen. Lass das, sagte Sabine dann immer in Südfrankreich, wenn der Freund sich an der Wade kratzte. Was?, fragte der Freund irritiert, blickte kurz auf, nahm einen Schluck Pernod und blätterte wieder mit größter Behaglichkeit in Hannes Maria Wetzlers letztem Roman »Auf dem Rücken der Pferde«, kratzte sich zehn Minuten später wieder an der Wade usw.

Dieses fortgesetzte Sich-immer-mal-wieder-an-der-Wade-Kratzen, erzählte Sabine, habe sie, aus Gründen, die sich ihr damals völlig verschlossen, ganz aus der Bahn geworfen. Immer heftiger seien ihre Zurechtweisungen geworden, immer schärfer die Vorwürfe, wenn er sich kratzte, Vorwürfe, die womöglich gar nichts mit dem Kratzen selbst zu tun hatten, sondern frühere, noch unbewältigte Ereignisse betrafen. Kann sein, sagte Sabine und prostete jetzt dem Theateragenten zu, dass ich ungerecht war, kann sein.

Auch erzählte Sabine während unserer einstündigen Unterredung von nächtlichen Intimitäten, die mich gar nichts angingen, schon deshalb, weil niemals immer alles ans Licht sollte, weshalb sie auch hier nicht nacherzählt werden.

Kurz bevor Sabine die Runde verließ, sagte sie noch, was mir unvergesslich ist, auch da sie dabei kurz zuvor die Augen verschloss, wie um die besten aller möglichen Worte zu finden, mit viel Pathos: Verstehst du, es lag nicht an der Französin, es lag am Kratzen.

17 MODE

Zu den unbedingt begrüßenswerten Disziplinarmaß-nahmen des Menschen, denen er sich unterwirft, gehört die Mode. Gute Kleidung befreit ihn zumindest notdürftig von seiner unschönen Nacktheit, sie veredelt die Gebrechen des Alters, verdeckt Unvorteilhaftes des Körpers, kurzum: Sie verhilft ihm zu einem Mindestmaß an Ansehen. Sie legt sich wie die dunkelste Nacht über seinen grotesken, seinen sündenbefleckten, begehrten und begehrlichen Leib; einen Leib, der zu Unförmigkeit neigt, zu Schwangerschaft, zu Krankheit, zu kurioser Hässlichkeit. Derart geplagt, wartete der Mensch einst nur darauf, vom Christengott erlöst zu werden. Doch je gottloser die Zeiten, umso makelloser hat seine Gestalt zu sein, die nunmehr im Diesseits ihre Herrlichkeit unter Beweis stellen muss.

Schöne Kleidung ist offenkundigste Blendung. Nichts ist banaler als ihrem Träger Eitelkeit, Unnatürlichkeit, Camou-flage vorzuwerfen (er würde doch niemals widersprechen!), wie es hierzulande über lange Zeit üblich war. Nur langsam hat es sich herumgesprochen, dass es gerade im Wesen der

Mode liegt, nicht praktisch, zweckmäßig und bequem zu sein. Mode ist so unnütz wie vergoldete Säle, wie jene Teeräume, in denen man einst die Zeit verplemperte und das Geld verjubelte. Mode ist Überfluss. Sie sprengt den Tauschhandel, dem wir heute so unheilvoll erliegen im Zwischenmenschlichen. Mode ragt heraus. Sie ist schönste Verstellungskunst, schafft Unterschiede, Individualität, Distanz. Nur mit Mode halten wir das Miteinander aus, welches heimlich ja immer ein Gegeneinander, ein Abhorchen und Erspähen ist. Die Konkurrenz, die wir in Geschmacksfragen austragen, ist zivilisierte, anmutige Überheblichkeit, die uns gut ansteht.

Dass die Mode in Deutschland so zäh nur Fuß fasste, liegt, wie öfter angemerkt wurde, an einem furchtbaren Missverständnis. Kleidung wurde hierzulande nicht als ästhetisches Signal im öffentlichen Raum begriffen, sondern galt als weltanschauliches Bekenntnis: Eine Frau, die sich die Achselhöhlen nicht rasierte, wurde als emanzipiert, ein Mann, der die Krawatte aus seinem Kleiderschrank verbannte, als unspießig und locker angesehen. Wenngleich derlei fehlgeleitete Ideologisierung etwas abgeklungen ist, bedarf es doch noch immer gewissen Mutes, sich gut anzuziehen. Wer schon einen gewöhnlichen Anzug von der Stange trägt, muss sich durchaus die Frage gefallen lassen, ob er Geburtstag hat, zu einer Hochzeit eingeladen worden ist oder einen Trauerfall zu beklagen hat.

Nun scheinen die schlimmsten Entgleisungen der Anti-Mode, die in den 80er Jahren wohl ihren traurigen Höhepunkt erreicht hatte, als ein Anzugträger immer auf offener Straße angepöbelt und belästigt wurde, bewältigt. Hier und da zeigen sich Männer etwa wieder mit einem Jackett bekleidet, wenngleich der Jeans abzuschwören, die an sich nur sehr jungen Menschen steht, sich kaum jemand traut. Auch hat man die rechte Verwendungsweise bestimmter Kleidungsstücke noch nicht verinnerlicht.

Recht bewusst geworden ist mir dieser Umstand, als ich die Französin traf und sie mich fragte, weshalb sich hierzulande in den Zügen alle Menschen die Schuhe ausziehen. Während desselben Gesprächs fragte sie mich auch, weshalb hierzulande alle Männer, ganz anders als in Frankreich, unter dem Hemd nicht etwa ein Unterhemd tragen, sondern ein T-Shirt, was dem Hals, wie sie ganz zutreffend bemerkte, etwas unangenehm Eingeengtes und Zugeschnürtes verleiht. Das sei kurios!, rief die Französin aus. Ob ich ihr, da ihr die Landessitten noch etwas unvertraut seien, erklären könnte, was es mit dieser ihres Wissens in keinem Land der Welt üblichen Abneigung gegen das Männerunterhemd auf sich habe?

Auch mir war die Abneigung der Deutschen gegen das Unterhemd vertraut, da ich aber zu diesem Zeitpunkt noch keine ausführliche Erklärung dafür hatte und selbst immer, außer im Hochsommer, ein Unterhemd trage, verwies ich nur mitfühlend, was ja nicht falsch war, auf die modische Unbedarftheit der Deutschen. Doch ging mir der entsetzte Gesichtsausdruck der Französin nicht mehr aus dem Kopf. Und nun erblickte ich in jedem Zug, jeder Besprechung, auf der Straße, in Geschäften, am Hals der Politiker im Fernsehen das T-Shirt unter dem Männerhemd, das ich vormals, um nicht beständig mich zu ärgern, großherzig übersehen hatte.

Ein Unterhemd unterscheidet sich von einem T-Shirt dadurch, dass es keine Ärmel hat. Es hat einen weiten Ausschnitt und dünne Träger über den Schultern, damit es unter dem Hemd unsichtbar bleibt. Das Hemd, nicht das Unterhemd (das zur Gattung der Unterwäsche gehört, mithin also besser unsichtbar bleibt) soll zur Geltung gelangen. Vermutlich aber da das Unterhemd von den Arbeitern in sommerlichen Baugruben ohne Hemd getragen wurde oder im Schrebergarten beim Grillen oder pommesfettverschmiert auf dem Fernsehsofa gesichtet wurde, man das Unterhemd also verschwitztem Malochertum zurechnete, litt es unter einem zweifelhaften Ruf, und man trug ausschließlich T-Shirts, auch unter dem Hemd. Das Unterhemd, so die verbreitete Meinung unter deutschen Männern, ist der bierbäuchigen Unterschicht vorbehalten wie der Jogginganzug. Nun ist es allerdings kurios, gerade durch das T-Shirt die Abwesenheit des Unterhemdes zu unterstreichen und es damit regelrecht in Erinnerung zu rufen, wo es doch im Wesen des Unterhemdes liegt, ohnehin unsichtbar zu sein. Das Unterhemd verlangte ja nie nach Aufmerksamkeit. Kurios ist überdies, dass ausgerechnet das Unterhemd, das durch seine Unsichtbarkeit zu den zweckdienlichsten Kleidungsstücken überhaupt gehört, ausgerechnet hierzulande, wo man auf Zweckdienliches und Bequemes seit je viel Wert legt (Turn- und Gesundheitsschuhe, Regenjacke, Jeans), verbannt wurde.

Am T-Shirt unter dem Männerhemd lässt sich wunderbar ablesen, wie eine Gesellschaft sich mühsam der Mode annähert, auf die unbeholfenste Weise, Kindern gleich, die das Fahrradfahren erlernen und ab und an stürzen. Der Mann, der ein T-Shirt unter dem Hemd trägt, will ja wahrscheinlich sogar alles richtig machen. Seht her, will der Mann uns vermutlich sagen, ich trage kein Unterhemd. Nicht wie der bierbüchsentrinkende Bauarbeiter. Gar nicht in den Sinn kommt ihm dabei, dass es mit zum Unschicklichsten überhaupt gehört, offenherzige Signale über Unterwäsche zu senden, erst recht über ihre Abwesenheit. Wie denn überhaupt an dieser Stelle gesagt werden muss, dass schon das Reden über Mode ein kleines Vergehen ist. Weshalb auch Menschen, die Wert auf gute Kleidung legen, Lob, selbst wenn sie Freude bekunden, im Stillen verachten. Gute Kleidung trägt man mit größter Selbstverständlichkeit, gerade so, als könne man gar nicht anders. Man lobt ja auch nicht lauthals das beste Essen oder den besten Wein im Restaurant wie der oberfränkische Bauer seinen Braten. Das Beste isst und das Beste trinkt man, als sei gar nichts und niemals Schlechteres denkbar. So zieht man sich auch an.

Ausgesuchte Kleidung ist Verpackung. Sie markiert deutlich die niemals zu überwindende Trennung zwischen Ausdruck und Inhalt, zwischen Schale und Kern, zwischen Äußerem und Innerem. Sie markiert, dass wir nie bei uns selbst sind, nie bei uns selbst sein können. Stets klafft ein Riss in uns, die Schöpfung, seit wir den Sündenfall erlitten, ist reines Welttheater. Mode ist schönstes Eingeständnis dieses ewigen Makels. Aus ihm speist sich unsere gesamte Attraktion, das immer gleiche, vergebliche, blinde Spiel des Begehrens, angefeuert von der abwegigen Hoffnung, dass hinter dem reizvollen Schleier, den wir nur wegziehen müssten, die Wahrheit sich zeige. Mode ist offenkundigste Blendung, Harlekinade, eine Illusion, die jeder durchschaut, doch der sich jeder bereitwillig hingibt. Sie ist ein offenes Geheimnis. Erst die Verblendung, zu der Mode einlädt, schafft Handlungsspielräume: Vermeintlich geschützt durch den großen Aufwand, den wir an uns betreiben mit Hilfe von Kleidung, glauben wir, uns gehen lassen zu können, sind souverän. Ich erinnere mich noch genau an einen Lehrer, der kurz vor der Pensionierung stand an meiner Schule und der einmal sagte, da er in den 80er Jahren zu den Letzten gehörte, die einen akkurat sitzenden Anzug trugen, er fühle sich erst durch die alte Konvention des

Gut-angezogen-Seins von Zwängen befreit. Es gehöre, sagte er, zu den größten Lügen unserer Zeit, dass jemand unspießiger sei, nur weil er die Krawatte ablege. Beinahe das Gegenteil träfe, so seine schon oft gemachte Beobachtung, zu.

Schön anzusehen ist das T-Shirt unter dem Männerhemd jedenfalls nicht, es hilft die beste Absicht nicht. Und es kann gar nicht vehement genug darauf hingewiesen werden, wie sehr der schlecht angezogene Mann, der Mann, der ein T-Shirt unter dem Männerhemd trägt, sich selbst beschädigt, sich seiner Würde beraubt, seines Stolzes. Der schlecht Angezogene verhöhnt den öffentlichen Raum. Er ist Prediger des Hässlichen, das schon vom Wortstamm her dem Hass entspringt. Er demütigt sich selbst. Und indem er sich selbst demütigt, demütigt er die Anderen, die gut Angezogenen, denen er jeden Respekt versagt.

Man könnte leichthin einwenden, dass es nicht zeitgemäß sei, derartige Konventionen über Hemd und Unterhemd zu verhandeln. Wir lebten in einer Welt, die allen Konventionen abschwöre, Tabubrüche würden gar nicht mehr verstanden, die Gesellschaft werde immer differenzierter usw. Nun ist die Konventionslosigkeit womöglich die größte Konvention überhaupt. Ausgerechnet die Konventionslosigkeit in Kleiderdingen führte zu jener immergleichen Ausstattung aus Jeans, Pullover, Turnschuhen bei beiderlei Geschlecht, schon deshalb, da es vergeblich war, sich gegen irgendeine Mode durch eine andere zu behaupten. Konventionslosigkeit führte zu Abgrenzungsfaulheit. Und der einzig denkbare Tabubruch ist heute die Errichtung eines Tabus. Es sollte nämlich unbedingt Tabu sein, ein T-Shirt unter dem Männerhemd zu tragen.

Der schlecht Angezogene wandelt Stolz in Missgunst, das Miteinander entkleidet er, bis das Gegeneinander offen sich herausschält. Mit der Ablehnung jedes Reizes zieht der schlecht Angezogene nicht ins Paradies ein, er fällt in die tiefste Wildnis zurück. Da Mode dem Menschen zu Ansehen verhilft, ihn zu zivilisieren vermag, ist der Gemeinste und Niederträchtigste aber, wer, was durchaus vorkommt und seit kurzem wieder erstaunlich gehäuft vorkommt, gut gekleidet zu Rohheit neigt.

Wie unangenehm sind oftmals Menschen, denen die Verstellung misslingt! Wer kennt nicht das falsche Lachen, das ganz sicher immer erkennbar ist durch sein vorzeitiges Abklingen? Schrill und laut hebt es an, es bebt der ganze Körper, und versiegt wie auf Knopfdruck, was niemandem gut ansteht und gleichwohl weit verbreitet ist.

Wir saßen eines Abends in meiner Wohnung. Stephan, der Architekt, hatte Monika mitgebracht. Auch die Frau, die mich gut kennt, war gekommen. Zu viert saßen wir vor Weingläsern und einem Nudelgericht, das mir gar nicht so schlecht gelungen war. Monika rühmte es jedenfalls über alle Maßen und rollte in größter Verzückung mit den Augen. Stephan pflichtete ihr heftig nickend, während er kaute, bei, wobei Monika misslaunig anmerkte, dass er sich ganz nach seiner unguten Gewohnheit zu viel Parmesan auf die Pasta gestreut habe, das vernichte jeden Geschmack.

Über den erstaunlich kalten Winter sprachen wir, den sogenannten Jahrhundertwinter, seit Jahren war es nicht mehr so kalt gewesen, der Stadtverwaltung war angeblich das

Streusalz ausgegangen, lange Artikel waren überall zu lesen gewesen über den angeblichen Streusalzmangel. Nicht nur Deutschland hatte der Winter in seiner Hand, sondern, wie es in den Artikeln stand, die ganze Nordhalbkugel. In den Nachrichten sah man die immergleichen Bilder: verschneite Autokolonnen, Reisende, die mit rotgefrorenem Gesicht auf Bahngleisen zeterten, da ihre Züge ausgefallen waren, Flugzeuge, die nicht abheben konnten, die dazugehörigen Passagiere, die in Wartesälen mit geöffneten Mündern schliefen. Und am Ende der Beiträge, wie zur Versöhnung, zeigte man immer Väter, die ihre Kinder mit dem Schlitten durch die Stadt zogen, Schneemänner mit Möhren als Nasen, zugewanderte Russen, die sich zur Abhärtung angeheitert in irgendwelche Eislöcher stürzten usw.

Auf der gesamten Nordhalbkugel herrschte angeblich Streusalzmangel. Es wurde an dem Abend beratschlagt, ob es tatsächlich am mangelnden Streusalz lag, dass die Fußwege in der Stadt so glatt waren, oder ob der Streusalzmangel, den doch gewiss niemand überprüft hatte, nur ein guter Vorwand für die Stadtverwaltung war, nicht streuen zu müssen. Ich erzählte, wie die ältliche Frau Hansen, meine Nachbarin, vergangene Woche auf dem Weg zum Supermarkt derart unglücklich ausgerutscht war, dass sie, im Vorhaben, ihren Fall abzufedern, sich das Handgelenk brach und mir schon dreimal im Hausflur, den eingegipsten Arm in die Höhe streckend, wütend von ihrer Absicht berichtete, die

Stadt zu verklagen. Stephan wiederum erzählte von einem schrecklichen Unfall, der sich nahe seines Hauses abgespielt hatte. Gegen zehn Uhr morgens war er kürzlich zu Fuß bester Laune zu seinem Architekturbüro aufgebrochen und fand die vierspurige Hauptstraße, die er passieren wollte, abgesperrt vor, weshalb er einen Umweg nehmen musste. Ein ukrainischer Laster hatte die Kurve nicht gekriegt, war eine halbe Stunde zuvor auf den Fußgängerweg geraten und hatte eine Frau Mitte vierzig gestreift, wie er schon kurz darauf in seinem Büro im Netz lesen konnte – egal.

Über Kälte insgesamt wurde viel gesprochen an diesem Abend, dass man die Kälte ja gar nicht mehr gewohnt sei, dass man gedacht habe, die Kälte kehre nie wieder zurück nach Europa aufgrund der Klimaerwärmung. Auch stellte man verwundert fest, dass man sich an die Kälte interessanterweise durchaus gewöhne. Ja, dass die erste Kältewelle, als es mit einem Mal unter null Grad war Mitte Dezember, unerträglich war, dann aber schon eine kleine Erwärmung einem erschien wie mächtiger Frühlingsanbruch.

An diesem Tag, es war Anfang Februar, schneite es wieder einmal sehr stark. Dicke Flocken tanzten vor dem Fenster, was schön anzusehen war. Dieser Winter hatte eindeutig etwas Tröstliches. Eine fremde Macht schien dem Menschen, der immer alles unter Kontrolle glaubt, Grenzen aufzuzeigen. Alles steckte fest. Die fortschrittlichsten Maschinen versagten ihren Dienst, sobald ein wenig Schnee fiel. Und ist nicht überhaupt, dachte ich an diesem Abend, als Stephan und Monika vor mir saßen, der Stillstand eine Utopie, die Vergeblichkeit irgendeines Wollens, die Stagnation nicht paradiesisch? Ist nicht alles Glück nur das kurzweilige Aussetzen von Zeit, von Begehren?

Monika hatte ihren Teller Nudeln in ungewöhnlich hoher Geschwindigkeit verspeist, blickte gedankenverloren aus dem Fenster, entschuldigte sich leise und peilte die Toilette an. Stephan lobte noch einmal ausgiebig und sehr laut das Essen und bedankte sich, dass wir Monikas Wunsch entgegengekommen seien, ein vegetarisches Gericht zu kochen.

Ich weiß nicht mehr recht, weshalb der Abend zwischenzeitlich in ungute Stimmung glitt. Vielleicht lag es am Wein, der in Übermaßen getrunken ja oftmals grundsätzlich zu einer Verschärfung des Problembewusstseins führt. Womöglich drückte auch das Schicksal der Frau Mitte vierzig ein wenig die allgemeine Laune. Jedenfalls begann, kaum dass Monika von der Toilette zurückgekehrt war, das Paar mit zunächst spaßhafter, dann zunehmend ernsthafter werdender Neckerei sich zu beschäftigen. Er verliere, ihr Engel, langsam alle Haare, sagte Monika unvermittelt und strich Stephan über das dünne Haar. Worauf Stephan laut auflachte, aber schon einen Augenblick später verstummte wie auf Knopfdruck. Nach einer kleinen Pause sagte er, er habe eine Neuigkeit zu verkünden: Er und Monika planten zusammenzuziehen. Monika wolle ja, er lachte wieder, unbedingt und sofort ein Kind, da müsse man Platz schaffen. Worauf wiederum Monika laut auflachte und augenblicklich wieder verstummte.

Es war dieses Gelächter nur, das mir an diesem ereignisarmen, an sich nur wenig rekapitulierungswürdigen Abend, der noch eine halbwegs schadlose Wendung genomen hatte, haften geblieben ist. Ich weiß jedenfalls noch ganz genau, dass ich der Frau gegenüber, die mich gut kennt, das künstliche Gelächter als ein schlechtes, ja fatales Zeichen bezeichnet hatte. Immer beklagen, sagte ich, sich ja die Leute über ein künstliches Lachen. Der oder die ist künstlich, sagen die Leute. Das ist natürlich völlig unpräzise. Was sie eigentlich meinen, ist beinahe das Gegenteil. Wer wie verstellt lacht, verstellt sich nicht gut genug. Wie oft, sagte ich, habe ich schon gelacht, ohne im mindesten amüsiert oder belustigt gewesen zu sein!

Man lacht doch, sagte ich, vor allem aus Höflichkeit. Ganz selten nur lacht man, weil einen etwas zum Lachen reizt, man also gar nicht anders kann, als zu lachen. So selten sind die guten Scherze, dass man so gut wie niemals lachte, wäre man auf die guten Scherze angewiesen. Wie wenige Menschen aber beherrschen die Simulation des Lachens, auf die es im Alltag doch ankommt. Viel Übel der Welt entsteht durch schlechte Simulation. Wir alle sind vielleicht im Abgrunde unseres Herzens Verstellungskünstler. Und wenn wir Schauspieler sind durch und durch, in nahezu jeder Faser unseres Daseins, wenn die Maske unsere zweite Natur ist, dann zeigt sich Heiterkeit, der wir mit Freude verfallen, nur wie selbstvergessen.

Heiterkeit ist eine große Kunst. Wenn jemand über jemanden sagt, er lache künstlich, meint er eigentlich: er lache nicht künstlich genug. Und wenn ich, sagte ich, mich immer ein wenig aufrege, wenn mir, was häufig geschieht, die ganz und gar gleichförmige und erwartbare Freundlichkeit entgegenschlägt, jenes beständige »Aber gerne«, dann doch vor allem deshalb, da mir die Herzlichkeit nicht künstlich genug zelebriert scheint. Nur die allergrößte Künstlichkeit wirkt natürlich. Nur wenn wir Freundlichkeit zu simulieren beherrschen, sind wir hilfreich und gut.

19 AUFSTEHEN

Ungut ist es, zu spät aufzuwachen. Da ich eine Weile lang ausschließlich schreibend mein Geld verdiente und sich das Schreiben lange in die Nacht zog, durch das Schreiben ich mich aber immer so sehr in die Dinge hineingebohrt hatte, dass an Einschlafen für Stunden nicht zu denken war, wachte ich immer zu einer Uhrzeit auf, die mir ganz und gar schändlich erschien. Durch den Vorhang blinzelte im Winter kaum mehr die Sonne ins Zimmer, sie ging gerade unter, wie ich mit Entsetzen begriff.

Es gab aus diesem Zu-spät-Aufwachen kein Entrinnen. Immer schrieb ich in die Nacht hinein wie in einen Tunnel. Hatte ich ein, zwei Seiten eines Artikels geschrieben, die mir gefielen, las ich mir diese im Bett noch einige Male durch. Je öfter ich den Artikel las, desto mehr entfernte er sich von mir, schien von jemand ganz anderem abgefasst, einem guten Autor zweifellos, den ich aber nicht kannte, der gewiss nicht ich war – jeder Schreibende kennt dieses unheimliche Gefühl. Ich entdeckte die feinsten Bezüge innerhalb des Artikels, verborgene Verweise, kluge Doppeldeutigkeiten.

Leider sind es ja immer nur die sehr guten Artikel, die sich einem entziehen wie zur Strafe, die schlechten bleiben an einem haften, was noch viel schlimmer ist. So oft las ich den mir ganz fremd gewordenen Artikel, erschüttert über die von mir ganz unwillentlich gesetzten Bezüge und Doppeldeutigkeiten, dass ich voller Aufregung war angesichts der Entdeckungen, immer über sie nachdenken musste und nicht einschlafen konnte.

Hatte ich aber ein, zwei Seiten geschrieben, die mir nicht gefielen, ja die ganz missraten waren, überlegte ich hin und her, wie sich vielleicht durch Umstellen einiger Absätze oder Passagen der Artikel noch retten ließe, überlegte dann, wie es zu diesem schlechten Artikel überhaupt hatte kommen können, kroch aus dem Bett, setzte mich noch einmal an den Computer, um gleich zu merken, dass ich doch zu erschöpft war, um durch Umstellungen den Artikel noch zu retten. Erschöpft war ich, aber gleichzeitig völlig unfähig einzuschlafen. Ich hatte mich in einen Zustand erschöpfter Nervösität hineinmanövriert, in eine Art stehenden Sturmlauf, und lag wach im Bett. An manchen Tagen richtete ich mich schließlich jäh auf, fasste mir an die Stirn, schüttelte verstört den Kopf, zog mich wieder an und machte dann regelrechte Gewaltmärsche bis an die Ränder der Stadt, wo sich alles ausfranste und nur noch Ausfallstraßen, Schrebergärten, Tankstellen mir schon in der Dämmerung sichtbar wurden wie eine ganz unwirkliche, filmhafte Szenerie.

Der Kaffee, den ich mir kochte, nachdem ich aufgewacht war, hatte etwas unangenehm Frivoles. Oft habe ich, während ich missvergnügt den Kaffee trank und aus dem Fenster hinaus in die Dämmerung blickte (die Nachbarn hatten bereits das Licht angeschaltet in ihren Wohnungen), an Hannes Maria Wetzler denken müssen, den bayerischen Schriftsteller, den heute kaum noch jemand kennt. In einer Biographie, die ich über ihn gelesen hatte, war von seiner enormen Disziplin die Rede gewesen. Wie er frühmorgens, immer ganz pünktlich um sieben, sich trotz der Bechterewschen Krankheit, die zu einer Versteifung seines Rückens führte, aus dem Bett kämpfte, wie ihm die greise Haushälterin etwas Knäckebrot und einen schwarzen Tee brachte, er sich an den Schreibtisch setzte und genau sieben Seiten bis 14 Uhr in seine Schreibmaschine, die Olivetti Lettera 22, tippte, eine Pause von eineinhalb Stunden einlegte, dann noch einmal genau sieben Seiten schrieb. Wie sonst hätte er noch mit siebzig ein so umfassendes Alterswerk zustande bringen können als durch dieses beständige Sich-Zusammenreißen, Auflehnen gegen die Krankheit.

Eigentlich, schrieb einmal ein anderer Schriftsteller, der auf Wetzler den größten Einfluss hatte, müsse man sich immer fürchten, aus dem Haus zu treten. Diese Furcht, denke ich mir manchmal, muss Hannes Maria Wetzler ungemein umgetrieben haben. Er hatte zwar in jungen Jahren kurzzeitig einem sozialistischen, dann expressionistischen Künstlerkreis angehört, doch sich bereits mit Mitte zwanzig zur vollkommenen Weltabgewandtheit entschlossen – bis auf die Jahre während der Naziherrschaft, wo er gezwungen gewesen war, sich in der Schweiz niederzulassen, lebte er auf dem bayerischen Gehöft, das ihm durch Erbschaft zugefallen war. Und doch schien er alle Geistesgrößen seiner Zeit beinahe intim gekannt zu haben, ohne dass er die meisten je gesehen hatte – die Kontakte, die er hatte, waren überwiegend Briefkontakte, enge, ja bisweilen zärtliche. Mitunter konnten die Briefe zu Traktaten, zu Denkschriften sich auswachsen, Grundsätzliches, die Zivilisation, den Sündenfall, das Verhältnis des Menschen zum Tier und zur Natur und dergleichen betreffend.

Sein Menschenbild, das in Fachkreisen noch heute ausgiebig diskutiert wird, war bekanntermaßen das düsterste, das sich denken lässt. In einem langen Brief an Ingeborg Bachmann schrieb er, dass das Verschwinden der Tiere ein unvergleichlicher, schwerwiegender Tatbestand sei. Ihr Henker habe die Landschaften besetzt. Es gebe nur noch Raum für ihn. Das Entsetzen, dort einen Menschen wahrzunehmen, wo man zuvor ein Pferd hätte betrachten können, sei unermesslich. Erst spät habe ich entdeckt, dass er die Passage von einem anderen Schriftsteller übernommen hatte – egal, es zeugen die Briefe doch von Geschmack. Und von seiner, wie ich es mir denke, brennenden Ohnmacht angesichts der blinden Neigung der Menschen, Freiheit als unnützen

Luxus zu begreifen, und zwar ohne dass sie es merken. Er spitzte diesen Gedanken in einem Brief an Max Frisch vertrackt zu: Es gebe in unserer Zeit, schrieb Wetzler, einen Grad von Unterdrückung, der als Freiheit empfunden werde. Aldous Huxley habe völlig recht behalten mit seinem Roman »Schöne neue Welt«, dem Menschen werde durch Konsum, Sex und Drogen jedes kritische Denken ausgetrieben. Es sei nur noch eine Steigerung des Schreckens denkbar, schrieb er an Frisch: Wenn der ekelerregende Konsum allein ausreiche, um die Menschheit in Bann zu schlagen, wenn Sex und Drogen, jeder Anflug einer Feier, jede Regung des Unangepassten verpönt seien wie in protestantischen Sekten. Er sei, das war der letzte Satz des eigentümlich zornigen Briefes, Katholik!

Ausgerechnet Wetzler aber, dachte ich mir immer, als ich meinen frivolen Kaffee trank, der Prediger der Anarchie, war einer der diszipliniertesten Menschen, von denen ich jemals gehört hatte. So, wie es zu seinem unauflöslichen Widerspruch gehörte, die Stadt zu preisen und fernab von ihr zu wohnen, war sein diszipliniertes Leben das Gegenteil des von ihm Geforderten. Ja, mir schien, als sei gerade der rigide Ablauf des Alltags, dem er sich unterwarf, die Voraussetzung für sein Hauptsujet: die unbändige wie vergebliche Freiheitssucht des Menschen, seine Ausbruchsversuche aus den ihn erdrückenden Konventionen, die fatalerweise dann ihren Gipfel der Macht erreicht haben würden, wenn, wie er Bachmann schrieb, sie alle abgestreift seien und die nackte Vernunft allein herrsche über uns mit ihrem Diktat der Zweckmäßigkeit und Gesundheitsfürsorge. Genau in dem Augenblick, da wir uns befreit glaubten, seien wir die Geknechtetsten unter dem gestirnten Himmel.

Die stoische Disziplin Hannes Maria Wetzlers, sagte ich mir an den Nachmittagen, an denen ich meinen frivolen Kaffee trank, war eine ganz anders geartete Disziplin als die, mit der wir uns für gewöhnlich zurichten. Wetzlers Selbstdisziplin verhärtete sich niemals in Selbstgeißelung. Im Gegenteil: Mit seiner Selbstdisziplin eröffnete sich ihm das wundersame, unendliche Reich der Kunst, die Selbstdisziplin war ihm Voraussetzung für zivilisatorische Verfeinerung, die in Literatur, in Mode, in ergebenster Höflichkeit sich niederzuschlagen vermag.

Hannes Maria Wetzler gehörte gewiss zu jenen Menschen, die (wie ein Kollege einmal zutreffend anmerkte) einfach nicht schwitzten. Es wird ja viel geschwitzt heute in der Öffentlichkeit, in der U-Bahn, auf öffentlichen Plätzen, während touristischer Erkundungen und bei hochsommerlichen Gewaltmärschen durch den Schwarzwald. Das Nichtschwitzen, hatte mir der Kollege gesagt, sei früher eine freie Entscheidung gewesen, heute werde das Schwitzen nachgerade als Ausweis von Natürlichkeit gefeiert! Dabei komme es doch immer und überall darauf an, das Groteske des Körpers (jeder Körper sei, genau besehen, grotesk) zu verbergen. Die Dunkelheit vermag es, ihn vor hämischen Blicken zu schützen; die Kleidung, gröbste Unförmigkeiten zu vertuschen; der Alkohol, manchen Makel, der nüchtern hervorsticht, zu übersehen.

Die Disziplin Wetzlers, mit der ich mich konfrontiert sah, als ich nachmittags am Küchentisch meinen frivolen Kaffee trank, ließ mich ungeheuer traurig werden. Ich war nicht in Form. Und wurde es erst wieder, als ich den Rat der Frau, die mich gut kennt, beherzigte, Wetzler nur noch nachts vor dem Einschlafen, nicht aber am Frühstückstisch zu lesen. Jede Wahrheit erträgt man am besten in tiefer Dunkelheit.

Er wisse auch nicht, erzählte mir der Freund, der erfolgreich etwas mit Kultur macht, als wir wenige Tage nach der Einweihungsparty von Monika und Stephan miteinander telefonierten, auf der er geohrfeigt worden war, da er im Wohnzimmer sich eine Zigarette angesteckt hatte, weshalb die Französin an jenem Abend mit ihm gemeinsam aufgebrochen war. Kein Wort hatten sie während der Party miteinander gewechselt, aber als er aufbrach, brach auch sie auf.

Der Freund, zerrüttet wie er war, denn man hatte ihn vor den Augen der versammelten Gäste gedemütigt, beinahe getreten, ballte, als er auf der Straße stand, wie er mir erzählte, die Faust, trat nun selbst, da der Zorn sich unkontrolliert entfaltete, mit Wucht gegen die Hauswand, wobei er sich den Fuß verstauchte, deshalb kurz aufschrie, auf einem Bein herumhüpfte und sich schließlich auf einen Bordstein setzte. Zuerst fiel ihm auf, dass es regnete. Dann fiel ihm ein, dass ja die Französin mit heruntergekommen war und, zur Vervollkommnung seiner Schande, belustigt, wie ihm schien, nun zu ihm herabschaute und fragte, ob sie ihm irgendwie behilflich sein könne, ob er ein Taxi brauche, wie er überhaupt heiße usw.

Eine Französin!, rief der Freund, der erfolgreich etwas mit Kultur macht, am Telefon aus. Das sei, sagte er, natürlich viel zu klischeehaft, das klinge nach Film noir, nach schwierigem Abenteuer, nach Verbrecherjagd, nach Rauchend-im-Bett-Herumliegen, nach existentieller Leidenschaft usw. Eine Affäre mit einer Französin, sagte er, sei gar keine Geschichte, die man ernsthaft erzählen könne.

Was denn passiert sei, wollte ich wissen.

Die Französin, sagte der Freund, da ihm das Gehen aufgrund des beschädigten Fußes kaum möglich gewesen sei in der Nacht und er auf ihre Fragen, fassungslos wie er war, nicht antworten konnte, habe sich, unbeeindruckt vom Wetter und seiner Schweigsamkeit, neben ihn gesetzt und zunächst nichts gesagt. Ganz nass seien die Französin und er geworden, erzählte der Freund.

Und dann?, fragte ich.

Dann, sagte der Freund, habe sie zwei Taxis über ihr Handy bestellt, er sei in das eine gehumpelt, sie sei zum anderen gegangen.

Jetzt nicht völlig aufregend, sagte ich.

Bevor wir in die Taxis stiegen, haben wir noch Telefonnummern ausgetauscht, sagte der Freund. Zwei Tage lang habe weder er, der Freund, noch sie, die Französin, sich gemeldet. Am dritten Tag, während Sabine unter der Dusche stand, frühmorgens am Frühstückstisch, gegen acht, habe er schließlich, der Freund, der erfolgreich etwas mit Kultur macht, der Französin eine SMS geschickt, er habe selbst nicht recht gewusst, warum: »Kaffee? Heute? Oder morgen?« Bewusst gut gelaunt abgefasst. Die Antwort habe er fünf Minuten später erhalten, im Hintergrund habe er noch das Wasserplanschen von Sabine gehört. Sein Blick aber sei ganz gebannt auf das Smartphone gerichtet gewesen: »Sofort, Chérie.« Beigefügt sei noch eine Adresse gewesen.

Sehr klischeehaft, sagte ich.

Ja, sagte der Freund. Keine Geschichte, die man erzählen könne. Gegen Mittag, wie in einem Film noir, hätten er, der Freund, und sie, die Französin, den schönsten Verbrechern gleich, in wohliger Schwermut in ihrem Bett gelegen, rauchend, aus dem Fenster blickend, die dichten Wolken, zwischendurch sei die Sonne durchgebrochen, als kämpfe sie ums Überleben, ach.

Ich sagte nichts.

Ja, sagte der Freund.

Nicht einfach, sagte ich.

Nein, sagte der Freund.

Und jetzt?, fragte ich.

Weiß nicht, sagte der Freund.

Andererseits: Schon schön, sagte ich.

Ach, sagte der Freund.

So also ging es eine Weile hin und her. Wir sprachen, wie man über Unaussprechliches spricht, ganz und gar vage und ratlos, und legten dann auf.

Erst vier Wochen später, da ich mich zum Schreiben zurückgezogen hatte, traf ich den Freund wieder. In einer jener Bars, in denen es noch gestattet war, zu trinken *und* zu rauchen. Er schien, wie ich mit Verwirrung begriff, um Jahre gealtert. Das Haar, als sei es gefärbt, war mit grauen Strähnen durchsetzt, er hatte abgenommen, die Augen glasig, als habe er bereits vor dem Treffen etwas getrunken, was auch, wie er gleich sagte, stimmte, zwei Gläser Wein nur, um sich zu beruhigen. Er sei unausgeglichen, sagte der Freund. Allerlei Ärger, verzwickte Lage. Viele Diskussionen mit Sabine, mit der Französin, die Umrisse Frankreichs, die Schlägerei mit Hendrik usw.

Was er erzählte, lässt sich, da das Gespräch wirr und von Sprunghaftigkeit geprägt war, nur unzuverlässig rekonstruieren. Ich habe es folgendermaßen in Erinnerung: Der Freund fuhr morgens, statt in sein Büro (er meldete sich krankheitshalber ab), wie ihm befohlen worden war, zur Französin, die, was er nicht erwartet hatte, in einer WG gemeinsam mit einer rothaarigen Spanierin und einem spitzbärtigen Philosophiestudenten aus Mannheim wohnte. Die rothaarige Spanierin, wenig des Englischen, kaum des Deutschen mächtig, öffnete die Haustür, rief, da der Freund sich nicht recht mit ihr verständigen konnte, den spitzbärtigen

Philosophiestudenten herbei (»Philip!!«), der ihm mit finsterem Blick erklärte, die Französin sitze in der Badewanne, er solle doch in der Küche auf sie warten.

Der Freund fühlte sich nicht unwohl, so, als habe ihn jemand in seine eigene Studentenzeit zurückversetzt. Im Waschbecken stapelten sich die Teller, Tassen von unterschiedlichster Form und Größe standen auf einem Kellerregal, auf dem Kühlschrank klebte ein Plakat, eine städtische Werbung zur Servicefreundlichkeit: »Wat kiekstn so, Fatzke.« Auf dem schmalen Tisch, an den er sich gesetzt hatte, glomm in einem runden Aschenbecher noch eine selbstgedrehte Zigarette.

So schnell!, sagte die Französin, als sie in einem olivgrünen Bademantel in die Küche trat und mit größter Selbstverständlichkeit sich mit einem Handtuch das Haar trocken rubbelte. Der Freund blickte sie eingeschüchtert an. Dann zeigte ihm die Französin, nun gleichfalls um Geschwindigkeit bemüht, mit einer einladenden Geste, die, wie er gleichwohl merkte, keinen Widerspruch duldete, ihr Zimmer.

Dies und allerlei mehr erzählte der Freund, der erfolgreich etwas mit Kultur macht, mir an diesem Abend. Eingeprägt haben sich mir, neben Indiskretionen, die an dieser Stelle nichts zur Sache tun, vor allem seine Ausführungen zur Liebe an sich, in die er, verzweifelt wie er war, sich nicht ohne Pathos hineinmanövrierte.

Nichts, sagte der Freund, empfindet er stärker als die

Gefahr, längst abgezweckten, vorhergesehenen Gefühlen zu erliegen. Gefühlen, die er aus Filmen und Romanen hat, die nicht seinem Erleben entspringen. Gewiss, er küsste stürmisch, doch dachte er beim stürmischen Küssen sogleich, dass jetzt eben der richtige Zeitpunkt zum stürmischen Küssen ist. Er blickte, die Beine hatten sie noch ineinander verwoben, aus dem Fenster, beobachtete das langsame Ziehen der Wolken und erblickte sich dabei selbst in einer Szene, die ihm schon längst von jemand anderem ausgemalt schien. Selbst der Betrug an Sabine kam ihm wie längst schon erdacht von einem zweitklassigen Schriftsteller vor. Nach Jahren innigsten Beisammenseins war es eben so weit, eine Affäre nach Fahrplan. Nicht o.k., klar, aber doch völlig üblich, weit verbreitet, unspektakulär, nicht der Rede wert.

Gewiss, immer schwieriger wird es, sich Illusionen hinzugeben, den sanften Selbstlügen. Oft hat der Freund die Französin getroffen, vor der Arbeit, nach der Arbeit, in der Mittagspause, sich die Affäre als *aufregende* Affäre einzureden versucht. Ihr hektisches Übereinanderherfallen war verzweifelte Passion, war Leidenschaft gerade aus Mangel an derselben.

Die Französin, sagte der Freund, hatte ihm die Unschuld geraubt, aber auf ganz verdrehte Weise: Nicht aufgrund des Betruges an Sabine wurde er schuldig, sondern trotz des Betruges. Eine Affäre, der man blindlings verfällt, ist ja gewissermaßen unschuldig, man erliegt ihr wie einer Sommergrippe. Mit dem Beginn jeder Affäre, sagte der Freund, suchen wir eigentlich nur die Unschuld. Ihm aber war die Affäre zu jedem Zeitpunkt *als* Affäre gegenwärtig, die Schuld schien vollkommen.

Der Freund war in seinem Monolog nicht aufzuhalten, gebeugt, einem Geschlagenen gleich, saß er am Tresen, erzählte noch, wie Sabine den Knutschfleck der Französin entdeckte, wie sie, um wieder ein Gleichgewicht der Kräfte herzustellen, schon wenige Tage später mit ihrem Kollegen Hendrik, der seit Monaten ihr schon nachgestellt hatte auf die plumpeste Weise, sich vergnügte, ihre Eskapaden dem Freund aber nicht etwa verbarg, sondern, im Gegenteil, mit ihnen prahlte, ausgiebig davon erzählte mit allerlei intimen Details. Wie er, der Freund, statt die ganze Angelegenheit in ruhige Gewässer zu bringen, demütig sich zu zeigen und geduldig, Hendrik eines Morgens auflauerte und es beinahe wie von selbst zu einem unwürdigen Schauspiel auf offener Straße kam mit einigem Gerangel. Passanten waren in ratloser Neugierde stehengeblieben.

Die Französin, in deren Absicht es keinesfalls stand, derlei Unordnung zu stiften, reagierte auf keine seiner SMS mehr, Sabine ebenso wenig.

Oft, sagte der Freund, der erfolgreich etwas mit Kultur macht, habe er in den vergangenen Tagen an den Aufsatz von mir denken müssen, der vom Zorn handelt. Dass der Zorn so unterdrückt werde derzeit, obgleich er doch mitunter berechtigt sei, sich Bahn zu brechen angesichts beschädigten Stolzes und Ansehens.

Derartige Überlegungen, sagte ich schnell, hätten bei mir immer essayistischen Charakter, seien Versuche nur. Das seien keine Handlungsanleitungen!

Trotzdem, sagte der Freund.

Nicht trotzdem, sagte ich. Es passe nicht jedes absonderliche Beispiel zu einer grundsätzlichen Überlegung. Überdies: Es sei doch völlig ungerecht gewesen, Hendrik anzugreifen, unverhältnismäßig, roh, unklug. Er habe ihn doch nicht ernstlich verletzt? Was sei das überhaupt für einer?

Das Verrückte sei, sagte der Freund, auf grobe Weise das Thema wechselnd, den Blick an mir vorbei auf den Tresen gerichtet, dass jenes Unglück, das ihm widerfahren sei durch eine nur zum Schein aufregende und deshalb schuldhafte Affäre, ihm wie großer Trost erscheine: Nun sehe er endlich all die Jahre mit Sabine in dem allergünstigsten Licht. Wie viel Unglück über einen doch kommen müsse, um vergangenes Glück zu erahnen. Womöglich sei aber auch diese Erkenntnis, sagte der Freund, dem es nicht sonderlich gut ging an dem Abend, nichts als eine narzisstische Gefühlsmechanik.

21 KUNST

Das Klingelschild schien von Kinderhand beschriftet, in krakeligem Hellgrün, beinahe unlesbar. Ein wuchtiger Altbau in einer etwas abgelegenen Ecke des Viertels, in dem ich wohnte. Graffiti verunzierten die Wände im Treppenhaus, die Treppe knarrte mit jedem Schritt, als folterte man sie durch Gebrauch. Der Künstler, um die Vierzig, ausgesprochen hager, dessen äußerst minimalistische Homepage ich mir zuvor angesehen hatte, stand an seiner Wohnungstür im dritten Stock, nickte langsam zur Begrüßung, war ganz in Schwarz gekleidet, eine schwarze Jeans, einen schwarzen Rollkragenpullover, auch seine Haare waren schwarz, er hatte ausgeprägte Geheimratsecken. Genau so hatte ich ihn mir vorgestellt.

Die Wohnung hatte ich mir auch genau so vorgestellt. Sie war naturgemäß eher eine Werkstatt: Blätter auf dem Boden mit Skizzen von Tieren, eine Glühbirne baumelte von der Küchendecke, die Kohlenofenheizung spendete Hitze im Übermaß. Zwei leere Weinflaschen, allerlei Unrat, eine Socke und ein Lippenstift, den ein Schlangenbild verzierte, lagen in einer Ecke des Wohnungsflurs. Wir setzten uns in ein Zimmer, in dem zwei blau lackierte Klappstühle standen, auf dem Boden waren Pinsel verstreut, ein großes Bild hing an der Wand, es zeigte ein Kamel am Strand, das erschrocken in eine grelle Sonne blickte und von ihr, obgleich wie magisch angezogen, zurückzuweichen schien. Anziehung und Abstoßung zugleich. Es fielen mir sogleich die Bemerkungen Walter Benjamins zu einem Bild von Paul Klee ein, das Angelus Novus heißt: Ein Engel sei im Begriff, sich von etwas zu entfernen, worauf er starre. Seine Augen, schrieb Benjamin, seien aufgerissen, sein Mund stehe offen und seine Flügel seien ausgespannt. Der Engel der Geschichte müsse so aussehen. Es türmten sich vor seinem Auge unablässig die Begebenheiten der Geschichte auf, eine einzige Katastrophe, Trümmer auf Trümmer – egal.

Es war meine eigene Idee gewesen, den Künstler zu porträtieren für eine Tageszeitung, der auf Umwegen und damit auf eine, wie mir schien, übertriebene Weise mein Leben bereits gekreuzt hatte. (Stephan, der Architekt, hatte dem Maler zum Geburtstag seiner Freundin Monika ein Bild abgekauft, das einen Raben am Strand zeigte, und zwar auf dringendes Anraten des Freundes hin, der erfolgreich etwas mit Kultur macht. Der Freund mochte das Bild, wie man leicht begreift, da er einst ausgerechnet vor diesem Bild auf einer Vernissage stehend von Sabine angesprochen worden war – wir hatten es erzählt.) Der Maler gehörte, wie man leichthin sagt, nicht zur allerersten Liga, aber schon vor etwa fünf Jahren wurde sein großformatiges, düster-surreales Gemälde, das einen Ochsen am Strand zeigte, von Galeristen und Kritikern durchaus anerkennend erwähnt und an einen bedeutenden Verleger verkauft. Diese Manie, seit Jahren auf Bildern ausschließlich Strände zu malen mit jeweils unterschiedlichen Tieren, die lagen, krochen oder standen, hatte jedenfalls auch die Redaktion, für die ich ab und an schrieb, neugierig gemacht. Ich durfte ihm also einen Hausbesuch abstatten.

Ich nahm ein Aufnahmegerät aus meiner Tasche, legte es, da kein Tisch vorhanden war, auf den Boden und bat um die Erlaubnis, das Gespräch aufzuzeichnen. Der Maler nickte und faltete feierlich die Hände ineinander. Wie er überhaupt etwas Feierliches an sich hatte, seine Bewegungen schienen akribisch ausgemessen, zurückgenommen war er, einem wunderlichen Grafen gleich, sie passten keineswegs zu seiner entschieden provisorischen Einrichtung.

Wir sprachen zunächst über seinen Werdegang, den er sehr verknappt mit sonorer Stimme folgendermaßen zusammenfasste: Lehrerkind, aufgewachsen im Schwarzwald, kurz vor dem Abitur, trotz bester Noten, Schule abgebrochen, Gasthörer diverser Philosophie- und Germanistikvorlesungen, schließlich Umzug in die Hauptstadt und nach Jahren der ärmlichsten Malerexistenz allerhand Achtungserfolge, kleine Preise, jetzt Bewilligung eines renommierten Stipendiums, erste ihn lobende Artikel in Fachzeitschriften usw.

Schon immer war mir recht eigentlich schwergefallen, jemanden zu porträtieren, wie mir auch wieder einfiel, als ich vor dem Maler saß. Wer porträtiert, ist häufig parasitär. Er trifft eine Person, die von öffentlichem Interesse ist, und indem er über sie schreibt, hofft er, es möge ein Stück der Bedeutsamkeit auch auf ihn abfallen. Sich auf ein Porträt einzulassen ist nicht nur deshalb ein Pakt mit dem Teufel. Der Porträtist hat Macht, da seine Beobachtungen unwiderlegbar sind; gegen die Schlussfolgerungen, die er aus einer wegwerfenden Handbewegung des Porträtierten, seinem geräuschvollen Schnäuzen, seinem Wutausbruch zieht, ist Letzterer machtlos. Und unzulänglich ist das Werk, das dabei herauskommt, ohnehin: immer nur ein verfälschtes Abbild, nur die nie ganz gelungene Kopie eines wirklichen Menschen. Schon deshalb, da derjenige, der porträtiert, im Gegenüber nach dem Bruch im Lebenslauf sucht, der zum Erzählanker werden kann: ein Kriegserlebnis; eine große, gescheiterte Liebe; ein Abstiegsoder ein Aufstiegserlebnis; der Erfolg, der alles veränderte, was vormals war; der Ruhm, der sich einstellte und an dem der Porträtierte zerbrach oder eben nicht. Kein Porträt ist frei von Zurichtung, täuscht aber Gegenteiliges vor – egal.

Wir sprachen über seine Kunst. Ich sagte, mich fasziniere

dieses jahrelange Festhalten an einem Sujet, dem Strand, den Tieren. Wie er darauf gekommen sei?

Nun, sagte der Künstler, da sei er nicht drauf gekommen. Das habe sich so ergeben. Der Strand habe ihn schon immer interessiert als Schwelle, als Metapher des Lebens, das ja nichts als ein fortwährendes Sterben sei. Leben sei Sterben! Ob ich ihn verstehe? Wobei natürlich beim Meer unklar sei, ob es den Tod markiere oder das Leben. Alles Leben entstamme dem Meer, dem Wasser, dem Urelement schlechthin. Womöglich, sagte der Künstler, während er sich einen Zeigefinger auf die Nase legte, lebten wir, seit wir dem Meer entsprungen waren, ohne es recht zu wissen, in einem Reich des Todes und blickten auch deshalb von jeder erdenklichen Küste hinaus mit dieser unklaren Melancholie ins Offene.

Ja, sagte ich. Und die Tiere?

Die Tiere, sagte der Maler. Das habe er sich auch oft gefragt, warum nur male er all die Tiere? Den Ochsen, die Schlange, das Nashorn am Strand. Sein Meisterwerk seien drei herumtollende Hasen. Nicht einfach. Er habe, sagte der Maler, seit je, schon als Kind, den großen Hang gehabt, in Zoos spazieren zu gehen. Über Stunden könne er sich in die Bewegungen der madagassischen Lemuren, der kleinen Mausmakis vor allem, versenken. Ausnehmend großäugig seien sie, blickten einen verwundert durch die Gefängnisgitter an. Mausmakis seien nicht nur die kleinsten aller

Lemuren, sie seien auch die kleinsten aller Primaten. Ganz winzige Hände hätten sie und die allerwinzigsten Finger mit kaum sichtbaren Nägeln. Gerade die Hände der Mausmakis hätten ihn immer angerührt, diese Menschlichkeit, die sich an ihnen offenbare, diese Feingliedrigkeit, dieses stolze und gleichzeitig hektische Greifen nach einem Holzstöckchen in ihrem Käfig habe ihn immer an seine eigene Hand und ihre Bewegungen erinnert, an das beständige Malen mit dem Pinsel, das sei von gleicher, unreflektierter Art. Alle Inspiration komme aus dem Dunkel. Und gefangen wie die Lemuren in ihrem Gefängnis, so fühle sich er, der Maler, manchmal auch. Seltsamerweise habe er nie Lemuren am Strand gemalt, er wisse selbst nicht recht, warum. Tiere, sagte der Maler, seien Menschen und seien es gleichzeitig nicht, Menschen seien Tiere und seien es gleichzeitig nicht. Am Ende aber, sagte er, wenn die Nacht über uns herabsinke für immer, seien wir alle nur elende Kreaturen. Er lachte trocken, breitete kurz die Arme aus.

Und weshalb, insistierte ich nach einem Räuspern, immer dieser Strand?

Das wisse er selbst nicht recht, es sei nicht seine Aufgabe, seine Kunst zu erklären, sagte er freundlich. Wenn er jetzt doch eine Interpretation anführe, dann sei sie so viel wert wie die Meinung irgendeines dahergelaufenen Journalisten oder Kunsthistorikers. Sobald er die Bilder gemalt habe, entfernten sie sich von ihm immer ganz. Aber er meine doch, wenn er sie sich so anschaue, dass sie immer das Verhältnis des jeweiligen Tieres zur feststehenden Umgebung behandeln, des Besonderen zum Allgemeinen. Wir glaubten, sagte der Künstler, immer einen Kausalzusammenhang zu erblicken, wo nichts als blanker Zufall sei. Es liege eine große Unwahrscheinlichkeit darin, drei herumtollende Hasen am Strand zu erblicken.

Es geht Ihnen also um das Unwahrscheinliche?, fragte ich.

Das Unwahrscheinliche, sagte der Maler. Und um das Spannungsverhältnis zwischen Mensch und Tier, zwischen Leben und Tod. Ja.

Nun war es an ihm, sich zu räuspern. Dann sagte er mit einem höhnischen Lächeln: Da Sie ja, ich kenne die Branche, irgendetwas Persönliches in ihren Artikel hineinbringen müssen, irgendetwas, das Ihnen zum Erzählanker werden kann, nun gut. Vor einiger Zeit ist mir etwas Absonderliches passiert, etwas Unwahrscheinliches, das können Sie leicht mit meinen allgemeinen Bemerkungen zum Unwahrscheinlichen und zu meinen Bildern in Bezug setzen. Vor einiger Zeit habe ich Nachricht erhalten vom tragischen Unfall einer Frau, die mir einst durchaus vertraut war. Es war eine kurze, aber intensive Affäre gewesen. Sie war die überzeugteste Nichtraucherin, Layouterin, glaube ich, irgendeines Modemagazins, immer im Kostüm, ganz adrett. Sie tolerierte mein Rauchen, das habe ich ihr hoch angerechnet. Etwas gestresst insgesamt, nicht mein Fall, aber nett, irgendwie.

Er machte eine Kunstpause, blickte aus dem Fenster, sagte dann: Ein Laster hat sie angefahren. Das Glatteis.

Oh, sagte ich. Und?

Ja, sagte der Künstler, das sei das Verbindungsstück zu meinem Porträt über ihn. Er wolle nur behilflich sein.

22 KRITIK

Als ich Mittags aus dem Haus trat, das Schreiben unterbrechend, um mir in einem Asia-Imbiss eine Portion Kung Pao Chicken zu holen, traf ich zu meiner Überraschung (denn es war nicht sein Viertel) einen Kollegen, der viel größer, viel wichtiger, viel renommierter war als ich.

Der viel größere, wichtigere, renommiertere Kollege tat zunächst so, als sehe er mich nicht, blickte an mir vorbei, da wir aber unweigerlich aufeinanderstießen, fasste er sich theatralisch an den Kopf, wie um scherzhaft auf seine Gedankenlosigkeit aufmerksam zu machen, und reichte mir mit Wucht die Hand.

Ein wenig peinlich war dem viel größeren, wichtigeren und renommierteren Kollegen das missglückte An-mir-Vorbeischauen wohl gewesen, weshalb er, was mir gar nicht recht war, einen gemeinsamen Kaffee vorschlug in einem nahegelegenen Café einer Cafékette, in dem der Kaffee in sehr große Tassen gefüllt wird und man bei Bestellung, ganz entgegen den Gepflogenheiten des Landes, nach dem Vornamen gefragt wird, der, nach Fertigstellung des Getränks, laut herausgerufen wird von den Angestellten.

Wir saßen an der Fensterfront, das Lokal war unwirklich hell ausgeleuchtet. Der viel größere, viel wichtigere, viel renommiertere Kollege tätschelte selbstvergessen seinen Bauch, lächelte durch die Fensterfront in größter Behaglichkeit auf die Straße und sagte, wie zu sich selbst, er habe kürzlich die große Freude gehabt, drei Artikel von mir zu lesen, die ihm gar nicht gefallen hätten.

So!, sagte ich. Es hat wohl, ich muss es gestehen, dieses »So!« recht erschrocken geklungen. Der viel größere, viel wichtigere, viel renommiertere Kollege blickte mich jedenfalls genießerisch an, sagte: Ach, immer so kritisch, Kollege, alles was Sie schreiben! Da beklagen Sie, dass es immer heller werde auf der Welt, herrje. Beklagen, dass die Geräte glatter werden und dass Sie einen Bauch bekommen! Dass wir immer gesünder werden, passt Ihnen auch nicht. So eine schlechte Laune. Das ist, verzeihen Sie, wenn es sich kränkend anhören sollte, nicht auf der Höhe der Zeit.

Man darf nicht mehr kritisieren?

Nur noch in Maßen, sagte der Kollege.

Kann schon sein, sagte ich, auf den ersten Blick scheint derjenige, der kritisiert, wie ein Zerstörer, dem Metzger vergleichbar, stets die Hände voll von Eingeweiden der Dinge. Er mache, fuhr ich fort, aus allen Dingen ein Problem, aus jedem Stein und jedem Satz mache er ein Problem. Das aber sei das höchste Kennzeichen von Liebe. Er wundere sich, wo sich niemand wundere. Das habe doch nichts mit schlechter Laune zu tun, dieses freudige sichhineinbohren in die Dinge.

Kritik, sagte der Kollege, das ist wirklich nur ein guter Rat, wirkt überheblich. Man tut so, als wüsste man die Dinge besser als der Leser. Das kommt nicht gut an.

Ich bemühe mich um Präzision, sagte ich.

Das sei vielleicht schon das Problem, sagte der viel größere, viel wichtigere, viel renommiertere Kollege. Und ergänzte sinngemäß, einen Philosophen zitierend, wenn ich mich nicht täusche, dass je präziser, gewissenhafter man sich ausdrücke, das Resultat für umso schwerer verständlich gelte, sobald man aber lax und verantwortungslos formuliere, man mit einem gewissen Verständnis belohnt werde. Er ziehe die Laxheit vor, man müsse gezielt schlampig formulieren und immer auch ein bisschen gespielt emphatisch. Man lebe nur einmal.

Dann streckte er sich, sagte noch: Sie müssen sich öfter entspannen.

Entspannen?, fragte ich erschrocken. Dann blickten wir uns für einige Sekunden nur schweigend an.

Wer kennt nicht derlei demütigende Situationen, jenes Vorführen und Necken, auf das man gar nicht angemessen reagieren kann? Reagiert man empört, erweist man sich, wenn es nicht auf stolze Weise gelingt, als kleinlich und empfindlich, führt man einen kühlen Gegenangriff, dann droht dem Ungeübten der Kontrollverlust, jenes Stottern und Erröten, das niemandem gut ansteht. Ich entschloss mich zum kühlen Gegenangriff, faltete die Hände über dem Tisch ineinander, beugte mich zu ihm hinüber, fragte, wie es ihm gehe, er wirke so angriffslustig, ob man sich Sorgen machen müsse, der Winter dauere schon lange an, das schlage so manchem aufs Gemüt. (Wobei ich bereits beim Sprechen ahnte, dass dies ein allzu durchsichtiger, inhaltsarmer, floskelhafter Gegenangriff war, zu sehr war dem Gesagten die Absicht auf Verletzung eingeschrieben, auch verhaspelte ich mich kurz im Satz einigermaßen unglücklich.)

Der viel größere, wichtigere, renommiertere Kollege lächelte kurz, zog gekonnt eine Augenbraue hoch, nahm einen Schluck Kaffee, sagte, ihm gehe es so gut wie schon sehr lange nicht mehr, er bedanke sich für die Nachfrage. Seine Zeitung trotze der allgemeinen Medienkrise, und er habe gestern erfahren, dass er mit einem nicht unbedeutenden Journalistenpreis geehrt werden solle. Ich sei natürlich eingeladen zur Verleihung. Er freue sich, wenn ich komme!

Nun aber, sagte er, während er abermals eine Augenbraue, diesmal die andere, hochzog, müsse er gehen, er zeigte dabei auf sein Smartphone, das gar nicht klingelte, entschuldigte sich, mich alleine sitzen lassen zu müssen. Das sei unhöflich, sagte er noch, aber ein Termin, unaufschiebbar, beinahe habe er ihn vergessen, er könne nicht anders. Er werde mir aber eine Einladung zukommen lassen. Dann schob er sich, eine gewisse Eile zeigend, an den Tischen vorbei ins Freie.

Ich saß eine Weile etwas regungslos am Tisch, um mich herum allerlei Betrieb, Ausruferei irgendwelcher Vornamen, hektisches An-den-Tresen-Treten, Gelächter. Kritik, dachte ich, fragt ja immer nach den Bedingungen von etwas. Sie fragt beispielsweise nach den Bedingungen von Selbstbewusstsein. War der viel größere, wichtigere, renommiertere Kollege so selbstbewusst, weil er so groß, wichtig und renommiert geworden war, oder ging das Selbstbewusstsein seiner Größe, Wichtigkeit und seinem Renommee voraus? Dass ich mich auch verhaspeln musste.

Natürlich, sagte ich mir jetzt, geht das Selbstbewusstsein der Anerkennung zumeist voraus, wenige nur werden selbstbewusst aufgrund irgendeiner Leistung. Wie oft, dachte ich, habe ich schon renommierte Menschen kennengelernt, die trotz ihres zäh erkämpften Renommees eine nervöse Unsicherheit ausstrahlten, mit lautstarkem Gerede ihre Abstiegsangst, die sie auf hässliche Weise antrieb, zu verdecken suchten. Und wie oft schon habe ich völlig erfolglose Menschen kennengelernt, die ausgesprochen selbstsicher und würdig auftraten, sich stolz als Verkannte wähnend.

Das Selbstbewusstsein, dachte ich, muss den Selbstbewussten ganz früh, in den ersten Lebensjahren eingepflanzt worden sein wie die Stubenreinheit oder die Benutzung von Messer und Gabel. Sie bedarf keiner Begründung und keines Grundes. Den Selbstbewussten ist das schadhafte In-die-Dinge-Hineinbohren, die Selbstzerfleischung, völlig fremd.

Früher dachte ich, noch vor wenigen Jahrzehnten, wäre es das Allernormalste auf der Welt gewesen, den viel größeren, viel wichtigeren, viel renommierteren Kollegen zum Duell zu bitten. Am nächsten Tag frühmorgens hätten wir uns am Rande der Stadt, wahrscheinlich auf einer Waldlichtung, getroffen und die Sache kurzerhand aus der Welt geschafft.

Als das Fechten und das Schießen der besseren Stände immer weniger Anhänger fanden, klagten die Duellbefürworter sehr hellsichtig, nun zeige der Kapitalismus sein hässliches Gesicht. Schließlich vermochte, wer sein Leben aufs Spiel setzte, schon da nach einem Duell erst einmal die Nerven beruhigt werden wollten, nicht mehr sein Tagwerk zu verrichten. Heute ist uns der Begriff der Ehre, die beim Duell wiederhergestellt werden soll, fremd geworden. Dass man sich noch vor hundert Jahren seines gesellschaftlichen Ansehens mit Waffengewalt versicherte – ein Verfahren, das außerhalb staatlicher Gesetze und ökonomischer Notwendigkeiten stand –, scheint bestenfalls kurios. Heute sagen wir vielleicht noch, es sei »Ehrensache«, wenn wir einem Freund beim lästigen Umzug helfen, oder sprechen vom »Ehrenamt«, wenn wir entgeltlos Alte durch den Park schieben. Wir lesen in der Zeitung von »Ehrenmorden«. Aber all das hat nur wenig, sagte ich mir, als ich alleine in dem Café saß, eigentlich gar nichts mit dem ganz feinen, hochzivilisierten Gespür für die Verletzung des Ansehens gemein, das man einst zur Konfliktbewältigung entwickelt hatte. In Wahrheit endeten Duelle ja so gut wie nie tödlich, es ging vor allem darum, einen Ritus zu vollziehen, der weitaus blutrünstigere Gewalt verhinderte.

Wer heute ein Gespür für Ehrverletzungen hat, kann diese, zu seiner Ohnmacht, nicht mehr aus der Welt schaffen. Einst traf man sich nach einer Beleidigung auf der Waldlichtung, meist nur, um aneinander vorbeizuschießen und sich dann freudig die Hand zu geben. Heute ist eine derartige Wiederherstellung der Ehre verpönt. In einer satisfaktionsunfähigen Gesellschaft bleiben die Gegner, die noch auf Stolz und Ehre setzen, unversöhnlich, bleibt die Verletzung ungesühnt, der Konflikt unbewältigt, sagte ich mir. Stolz sollte man heute gar nicht erst aufkommen lassen.

Die kleinsten Probleme wachsen in der schlaflosen Nacht ja immer zu ganz großen, zu einen völlig erdrückenden heran. Und häufig, wenn ich nachts nicht einschlafen konnte, da mich entweder ein gelungener oder aber ein heillos missratener Text plagte, fiel mir, wie um mein Unglück zu vervollkommnen, noch ein, wie schrecklich ich mich vor dem viel größeren, viel wichtigeren, viel renommierteren Kollegen verhaspelt hatte.

Unerlöst bleibt der Zorn, den man sich nicht leisten kann. Zorn, noch der gerechteste, gilt heute als roh. Freundlichkeit, noch die gemeinste, als verfeinert. Der Zornige ist der Unverstandene.

23 SATANISCHES

Ich und die Frau, die mich gut kennt, unternahmen, als noch Sommer war, einen Ausflug. Wir fuhren hinaus zu einer Insel, die, obgleich sie ungeheuer bedeutend ist und markant die Havel verziert, nur wenige kennen. Da ein Kulturprogramm, das man zu bewältigen sich vornimmt, immer aus einem inneren Pflichtgefühl heraus absolviert wird und nicht etwa aus Lust, stärkten wir uns vor der Begehung der Insel auf der Terrasse des »Wirtshaus zur Insel« mit einem zeitlosen »Zigeuner Schnitzel mit Pommes Frites« zu zehn Euro achtzig und einem mittäglichen Bier, um die Sinne behaglich zu trüben. Es störten nur die Wespen, die mit sehr hektischen Flugmanövern uns belagerten.

Das »Wirtshaus zur Insel« selbst stand nicht auf der Insel, sondern sozusagen davor: Unmittelbar an der Anlegestelle, von der aus uns die schwankende Fähre zur Insel brachte, die, wie wir aus einem Faltblatt erfuhren, im siebzehnten Jahrhundert einem umtriebigen Alchimisten namens Johannes Kunckel vom Großen Kurfürsten zum Geschenk gemacht wurde. Ein kleines Gemälde, das im Faltblatt abgedruckt war, zeigte einen seltsam finster blickenden, untersetzten Herrn mit mächtiger schwarzer Perücke.

Mit der Fähre setzte außer uns noch eine Gruppe Rentnerinnen mit zumeist auffällig gefärbten Haaren über. Die Anführerin der Rentnerinnen, eine kleine, energische Person, hielt, als das Schiff sich in Bewegung setzte, eine lautstarke Einführung über die zu besichtigende Insel, allerdings wurde sie immer wieder unterbrochen durch eindringliche Bitten, noch etwas lauter zu sprechen. Die Anführerin schrie nun regelrecht, dass einst dunkle Rauchschwaden und allerlei stechende Gerüche von der Insel zum Festland hinübergezogen seien, und wies mit ihrem Zeigefinger auf den blauen Himmel. Kunckel habe hektisch mit Feuer und dunklen Elixieren experimentiert, es habe ordentlich geknallt und gebrodelt. Der Kurfürst habe sich durch derartige Experimente eine spektakuläre Erneuerung der Glasherstellung in seinem Land erhofft, schrie die Anführerin der Rentnerinnen. Bauern und Mägde des Festlandes, denen der Zugang zur Insel unter Strafe verboten gewesen sei, hätten aus den Rauchschwaden und Gerüchen aber geschlossen: Da werde schwarze Magie betrieben, Satan verrichte sein Werk. Hierauf wurde laut gelacht.

Vielleicht sollte man, dachte ich und flüsterte es dann auch der Frau, die mich gut kennt, ins Ohr, tatsächlich kein abschließendes Urteil wagen, den Teufel hat ja, wie es in einem berühmten Drama heißt, kein Atheist jemals bündig wegbewiesen.

Vom Satan war keine Spur mehr auf der Insel, wir erblickten ein kleines, ganz weißes, ganz kurioses Schlösschen, wie aus Legosteinen errichtet. Ein König hatte es, so war dem Faltblatt zu entnehmen, viele Jahrzehnte später, da war der Alchimist längst nicht mehr auf der Insel, für eine Mätresse bauen lassen, um sich mit ihr dort auf vielfältigste Weise zu vergnügen. Die Mätresse war Tochter eines Trompeters und hieß Wilhelmine Gräfin von Lichtenau; auch das sehr künstlich und erfunden, eigentlich hieß sie ganz schnöde Wilhelmine Enke – egal. Der König starb, man muss schon sagen unglücklicherweise, just in dem Moment, als das Schloss vollendet war, und Wilhelmine wurde in den fernen Osten, nach Glogau, verbannt, wo sie eingekerkert lebte, mit kargen Mahlzeiten versorgt wurde und unter Tränen in der Bibel, der einzigen Lektüre, die man ihr gestattete, verzweifelt herumlas.

Wir standen vor dem wie aus Legosteinen errichteten Schlösschen, das gewissermaßen seinen Zweck niemals erfüllt hatte, und blickten im Faltblatt auf die Gemälde des traurigen, märchenhaften Liebespaares. Überhaupt war alles märchenhaft an diesem Tag auf dieser märchenhaften Insel, die gar nicht geschmacklose Inneneinrichtung des Schlosses, die wir im Rahmen einer Führung, die von einer sehr jungen, aufgeregten, sich oftmals räuspernden Mitarbeiterin vollzogen wurde, ausgiebig besichtigten (allerlei Spiegel, bunte, mit Pflanzenmotiven verzierte Tapeten, Gemälde) und die wundersamerweise alle Kriege und Staatsformen überlebt hat. Es muss der Teufel das Plündern verhindert haben, sagte ich zu der Frau, die mich gut kennt.

Wir sahen auf einem ausgiebigen Spaziergang die Gärten, Brunnen, die Meierei, die Statuetten, das Kavaliershaus, die seltensten Pflanzen, schritten über die verschlungensten Wege, hatten weite Ausblicke. Alles in allem war die Insel ein großer, das Auge völlig überfordernder Mischmasch aus Pseudo-Mittelalter und Italien. Manche Pfade verliefen derart verborgen auf der Insel, dass man sich wie ausgesetzt empfand. Über uns war der schönste Sommerhimmel, eine einzige Wolke war sehr weiß und ungeheuer oben, und wir verfolgten sie sehr lange von einer Wiese aus, auf die wir uns mutigerweise, denn es war natürlich verboten, gelegt hatten.

Es klingelte das Smartphone, gerade als wir uns hingelegt hatten, es war Stephan, ich drückte ihn weg, schaltete es aus und sagte zu der Frau, die mich gut kennt, wie seltsam es doch sei, dass man tatsächlich »wegdrücken« sage, als drücke man eine dicke Frau in der Schlange im Supermarkt weg, da man es eilig habe.

Vielleicht ist es etwas Wichtiges, sagte die Frau, die mich gut kennt, beiläufig.

Nicht heute, sagte ich. Ich wusste, ich verpasste es ohnehin, die allerdringlichsten Mails zu checken, und ich würde einen Artikel zu spät abgeben, und irgendwelche Nachrichten würden sich auf der Mailbox sammeln, und alles war gut und egal.

Ja, ich war derart entspannt, dass ich sogar kurz eingeschlafen war auf der Wiese. Ich hatte vom viel größeren, viel wichtigeren, viel renommierteren Kollegen geträumt. Den viel größeren, viel wichtigeren, viel renommierteren Kollegen traf ich im Traum in einer Unterführung. Es war Nacht. Seltsamerweise aber brannten auf den Straßen, die ich abging, keine Straßenlaternen, in den Gebüschen raschelte es, die Ratten. Die Konturen der Häuser, immerhin, waren halbwegs erahnbar. Als ich eine Unterführung hinabschritt, hörte ich den viel größeren, viel wichtigeren, viel renommierteren Kollegen mir entgegenkommen. Ich erkannte ihn gleich am festen Schritt, am weiten Mantel, den er offen trug. Ich wollte ihn wortlos passieren, doch er streckte mir die Hand zum Gruß entgegen, die ich mechanisch ergriff. Er ließ sie nicht loß, blickte mich mit einem irritierend freundlichen Lächeln an. Ich wollte meine Hand aus seiner lösen, doch er ließ sie einfach nicht los, hielt sie mit einem ungeheuer festen Griff umklammert, sagte sanft, ich solle mich nicht fürchten, allwissend sei er nicht.

An den Rest des Traumes erinnerte ich mich nicht mehr, doch hatte ich das irritierend freundliche, ja einnehmende Gesicht des viel größeren, viel wichtigeren, viel renommierteren Kollegen selbst dann noch vor Augen, als es dämmerte und wir wieder auf der Fähre saßen. Es war die letzte, die abfuhr. Auch die Rentnerinnen befanden sich auf der Rückfahrt, die wir seltsamerweise auf der Insel nicht ein einziges Mal gesehen hatten. Die Anführerin, im Gegensatz zu ihren Freundinnen, die sich sehr rege, allerlei Eindrücke austauschend, unterhielten, war etwas ermattet, jedenfalls schwieg sie als Einzige, hielt sich mit der Rechten schnaufend an der Reling fest, blickte uns aber, wie mir schien, mit zusammengekniffenen Augen misstrauisch, ja feindselig an.

Auf dem Weg zu der Wohnung der Frau, die mich gut kennt, der lange andauerte (Bus, S-Bahn, dann U-Bahn) sagte ich, es sei doch erstaunlich, welch unermesslichen Aufwand man einst betrieben habe, um sich dem Alltag zu entreißen. Schafe habe man gezüchtet, um Schäferidyllen herbeizuzaubern, Schlösser gebaut in einem Stil, den man sich mittelalterlich dachte, künstliche Ruinen errichtet, an denen bald schon Efeu rankte. Alles ein einziges großes Theater, eine Bühne. Und es funktioniere ja, sagte ich. Wenige Stunden nur auf einer derartigen Insel, und man komme sich vor, als sei man entführt für immer.

Ja, sagte die Frau, die mich gut kennt, schon oft habe sie denken müssen, dass diejenigen Menschen nur glücklich seien, die sich sehr viel vormachen könnten.

24 LEIBESÜBUNGEN

Sobald der Winter etwas abgeklungen ist, wird überall herumgelaufen in der Stadt. Der ziellos herumstreunende Flaneur ist aus der Stadt verschwunden. Ersetzt worden ist er nicht nur durch Gruppen, die sich mit Hilfe einer organisierten Führung durch ein Viertel schieben, sondern längst auch durch den Jogger. Es zeichnet den Jogger aus, dass ihn nicht seine Umgebung interessiert, sondern nur der eigene Pulsschlag, der Rhythmus seiner Beine, seine bewundernswerte Ausdauer. Er ist dort ganz Mensch, wo er sich im Takt verliert, wo der Lauf ihn ganz eingenommen hat. Der Jogger ist entrückt wie ein entkleideter Liebhaber. Er ist selbstvergessen. Weshalb es ihm gar nichts ausmacht, dass er Fußgänger schwitzend und hechelnd passiert, er bemerkt ihre Blicke nicht einmal.

Der Jogger ist, obgleich wir uns lange schon an ihn gewöhnt, uns mit ihm abgefunden haben, ein in historischer Hinsicht junges Phänomen. In Zeiten, in denen der Unterschied zwischen Privatem und Öffentlichem, zwischen Haus und Marktplatz markant war, in Zeiten, da jeder das

Verlassen der Wohnungstür als Schwelle wahrnahm, wäre es undenkbar gewesen, sich derart ausdrucksvergessen fortzubewegen. Ich kenne Jogger, die jenen Rest an Schamempfinden noch verspüren und des Nachts nur durch die Stadt eilen, sich auf das Laufband stellen oder aber in die dunklen Wälder fahren, um sich dort in größter Einsamkeit zu verausgaben. Sie verdienen jeden Respekt. Sie ahnen, dass man, so wenig man sich die Schuhe im Zug auszieht oder ein T-Shirt unter dem Männerhemd trägt, keinesfalls für jeden sichtbar sich laufend durch die Stadt bewegen sollte.

Die meisten aber laufen doch ganz unverschämt; selbst sehr alte Herren, in einem Alter, das in früheren Zeiten einen Rollstuhl gerechtfertigt hätte, passieren den Spaziergänger, mitunter ihn anrempelnd, auf dem Gehsteig und blicken ab und an, gesundheitsbewusst, wie sie sind, auf die Pulsuhr, die sie auf ihrem Handgelenk angebracht haben. Wer das Rentenalter noch nicht erreicht hat, der nutzt die Mittagspause. Zwischen ein und zwei Uhr mittags strömen die Angestellten heute, statt, wie es vor wenigen Jahren noch völlig üblich war, ein Weizenbier zu trinken, aus den Büros auf die Straße und laufen herum, weshalb auch, das nur nebenbei, wie jeder nichtjoggende Mensch leidvoll erfährt, die Luft in den Büros sich, seitdem das Joggen zum Massenphänomen wurde, deutlich verschlechtert hat. Den nichtjoggenden Menschen, die zum Laster neigen, erscheint es, wie man sich denken kann, als ein ungeheures Kuriosum, dass man ihnen das Rauchen verbat, wo das Joggen doch zu weitaus größerer Geruchsbelästigung führt.

Mitunter sichtet man, vorzugsweise in Kleinstädten, auch noch die klassischen Hausfrauen, die, um ihre Diätanstrengung durch auferlegte Bewegungslust zu untermauern, stark geschminkt, behäbig und beschwerlich, mit deutlichen Anzeichen der Atemnot, den Gehweg entlang im pinken Jogginganzug sich abmühen, wobei sie zu ihrer Überraschung von gewöhnlichen Passanten ohne Anstrengung überholt werden.

Man läuft doch freiwillig eigentlich gar nicht. Das Laufen, vom heiteren Übermut kleiner Kinder und junger Menschen abgesehen, die sich ihrer spielerischen Bewegungsfreude hingeben, ist die angemessene Ausdrucksform der Angst: Wer flüchtet, rennt. Wer keine Angst hatte, rannte früher auch nicht.

An den Höfen lernte man zu fechten, Konversation zu führen, sich zu pudern, Damen zu verführen. Mit Grazie, wie man einst sagte, stets im Bewusstsein, dass der Körper ununterbrochen Signale sendet. Zur großen Kunst eines gelungen Auftritts gehörte es, die Mühe, die er machte, zu verbergen. Zum Jogging aber gehört es, die Mühe, die es macht, herauszustellen. Wer rennt, ist obszön. Der starre Blick, das Schwitzen, der hemmungslos präsentierte Körper, die verzweckte Leistungsbereitschaft finden ihre dunklen Analogien im Pornographischen.

Der Mann, der neben mir an einem der hell ausgeleuchteten Schalter in der Post stand, war schätzungsweise Mitte fünfzig und reichte der Postmitarbeiterin einen Abholschein für ein Päckchen. Er trug ein Stirnband und eine ganz eng anliegende schwarze Sporthose, die seine Männlichkeit betonte. Der Mann, während er auf das Päckchen wartete, schwitzte sehr, er atmete schwer, er hatte ein tiefrot angelaufenes Gesicht und hielt sich mit der Rechten auf eigentümlich verkrampfte Weise am Schalter fest. Nicht nur joggt dieser Mann tagsüber durch die Stadt, dachte ich mir, er verrichtet auch noch seine Erledigungen zwischen seinen Läufen. Und da auch der Ekel eine, wenngleich verderbliche, Anziehungskraft hat, blickte ich ihn recht lange unverhohlen an, worauf er »Wat kiekstn so, Fatzke?« bellte.

Und beinahe, es lag mir, wie man sagt, auf der Zunge, hätte ich auch gesagt, er schwitze unanständig, seine Hose sei an prominenter Stelle ausgebeult, er stinke, er sei eine Zumutung, als er, was mich, da es so schnell geschah, nicht einmal erschrecken konnte, sich an das Herz fasste, heftig röchelte, auf den Boden glitt, nur knapp »Ogott!« rief, starr vor sich hin blickte, worauf sogleich allerlei aufgeregte Postbesucher und die Mitarbeiterinnen sich um ihn scharten, drei mit ihren Handys den Notarzt riefen, einer beherzt an ihm Kenntnisse eines Erste-Hilfe-Kurses erprobte, indem er dem Jogger den Oberkörper freimachte, sein Herz massierte usw.

Ich jogge nicht. Ich fahre kein Fahrrad. Ich gehe. Das Herumgehen ist mir immer sehr gut bekommen. Doch immer, wenn mir auf den Spaziergängen durch die Stadt ein Jogger entgegenkommt, muss ich daran denken, dass dort, wo sich diszipliniert werden müsste, sich gehengelassen wird, dort aber, wo man sich gehenlassen sollte, sich heute diszipliniert wird. Alles hat man auf den Kopf gestellt, denke ich dann immer, ganz hässlich verdreht. Auf den wildesten Parties wird einem die Zigarette nicht mehr gegönnt, aber die Schuhe zieht man sich mit der größten Selbstverständlichkeit immer und überall aus. Den Kindern halten die Eltern die Augen zu, wenn sie einen Raucher auf offener Straße erblicken, den unzüchtigen Jogger aber nehmen sie mit der größten Selbstverständlichkeit hin. Alles, was lässig und erotisch ist, wird bekämpft. Alles Pornographische findet die größte Zustimmung.

Mit der Frau, die mich gut kennt, ging ich an einem Sommerabend, der sehr heiß war, durch mein Viertel, das gegen meinen Willen auf bestem Wege war, sich von einem guten in ein sehr gutes zu verwandeln. Noch gab es hier und da eine Eckkneipe, in der das Rauchen geduldet wurde (man sah durch kleine Butzenfenster das hektische Flackern der Spielautomaten), noch gab es einige Döner-läden, in denen sich ein mächtiger Fleischberg am Grill drehte, und Kioske, an denen man sich nachts noch mit Alkoholischem eindecken konnte; hier und da mischte sich unter die Passanten ein geschäftstüchtiger Obdachloser mit seiner Obdachlosenzeitung. Doch gab es sehr deutliche Hinweise darauf, dass all diese Sperrigkeiten sich auf dem Rückzug befanden: In den vergangenen Monaten hatten Sushi-Lokale eröffnet, die Gehwege waren mit Bäumen bepflanzt worden, vor zahlreichen Häusern standen Gerüste. In der nahegelegenen Hauptstraße wurde ein Einkaufscenter errichtet. Der deutlichste Hinweis für die radikale Umgestaltung des Viertels war für uns ein altes, leicht heruntergekommenes Café, in dem man rauchen *und* trinken durfte und das wir stets aufzusuchen pflegten, das aber zu unserem größten Entsetzen durch ein buntes, mit allerlei Kakteen-Imitaten ausstaffiertes mexikanisches Restaurant samt Cocktail-Bar ersetzt worden war. Hinter dem Tresen, was man durch die breite Fensterfront gut sehen konnte, wartete eine junge, hellblonde Frau vergebens auf Kundschaft, während sie selbstvergessen in einer Zeitschrift blätterte.

Ich kam also wie von selbst auf meinen Lieblingsgegenstand zurück: die Glättung, Aufhellung, Gesundung, Normierung der Welt, die ungute Disziplinierung, die Verbannung individueller Verrücktheiten und Fluchten des Alltags, obgleich sich doch jeder ungeheuer individuell glaubt. Erst kürzlich hatte ich in einem wunderbaren, nicht ganz unkomplizierten Buch, wie ich der Frau, die mich gut kennt, sagte, gelesen, dass man heute bestimmte Filme, bestimmte Gesten und amouröse Verwicklungen, die vor wenigen Jahren noch zum Mainstream gehörten, gar nicht mehr verstehe. Das habe mir sogleich eingeleuchtet.

Wir gingen die belebte Straße auf und ab, ein dickes Mädchen kam uns mit einem von der Sonne ziemlich verbrannten Gesicht keuchend auf dem Fahrrad entgegen, Paare aßen Speiseeis und trugen übergroße Sonnenbrillen, die Sonne warf kantige Schatten auf den Asphalt, bald würde sie untergehen. Man versteht ja, sagte ich, als wir auf- und abgingen, heute bestimmte Filme wirklich nicht mehr. Der Autor jenes Buches, sagte ich, hat vollkommen recht. Den lasziven Blick, mit dem einst die Frauen in den Filmen immer die Männer um Feuer baten, ein Blick, eine Geste, dank derer sich der gesamte Handlungsverlauf dann wie von selbst ergab, versteht man zum Beispiel nicht mehr. Jede Lust am Verbotenen ist abgeklungen, jede Lust an der Grenzüberschreitung, sagte ich. All die französischen und italienischen Filme vor drei, vier Jahrzehnten waren kühne Überschreitungen der Konvention gewesen, die man bewunderte. »Der letzte Tango in Paris« zum Beispiel, diese Sexszenen, wie da der Marlon Brando mit der Butter – egal.

Heute schaut man sich solche Filme mit Unverständnis an. Das hektische Übereinanderherfallen, das Fremdgehen in den Filmen erscheinen einem als verzweifelte Passion, als Leidenschaft gerade aus Mangel an derselben. Man versteht doch die ganze Aufregung der Fremdgeher nicht mehr. Natürlich, auch heute wird noch fremdgegangen, sagte ich. Aber doch auf ganz abgeklärte Weise. Das Fremdgehen, sagte ich, ist, wenn man es sich unter allerlei Windungen erlaubt, sozusagen Teil des individuellen Wohlfühlprogramms, man hat es sich mal verdient. Doch kein Glanz geht vom Abenteuer aus, keine Festung wird erobert, kein Tabu gebrochen.

Getrennt wird sich ja kaum noch, sagte ich. Alle Beziehungsqualen führen am Ende nur dazu, dass man wieder zusammenkommt. Und wer sich einmal in jemanden verguckt, das kommt natürlich vor, der möchte ihn gleich für ein ganzes Leben, der ist vielleicht sogar bereit, seinem Leben eine große Wendung zu geben, aber begreift den flirrenden Zauber des Flüchtigen, den das Verbotene ausstrahlte, nicht mehr. Auf die Eltern, die stolze vier, fünf Ehen auf dem Konto haben und einen ungeheuren libidinösen Erfahrungsschatz, blickt unsere Generation völlig ratlos, insgeheim neidisch. Die neue Treue, sagte ich, die man um uns herum überall beobachten kann, das zähe Zusammenbleiben, das Ertragen des stillen Unglücks hat aber nichts mit alten Konventionen zu tun. Einst blieb man ja wegen der Konvention zusammen, der Ehebruch war ein Skandal. Dann hat man die Konvention abgestreift. Jetzt aber lebt man wieder endlos zusammen, obgleich es die Konvention zum Zusammenbleiben ja gar nicht mehr gibt. Blieb man früher, sagte ich, gegen seinen Willen zusammen, bleibt man heute aus Angst und Lethargie zusammen und schiebt Vernunftgründe vor, die das Zusammenleben rechtfertigen. Oder aber man schiebt Liebesgründe vor. Gewiss, sagte ich schnell, es gibt natürlich auch die seltenen Fälle von ganz ausgeprägter, lang anhaltender, himmlischer Zuneigung. Aber so selten sind diese Fälle, dass ihre Besonderheit doch geradezu verhöhnt wird, wenn alle aus vorgeschobenen Gründen zusammenbleiben.

Entzaubert ist die Welt, entheiligt, sagte ich, während wir

auf- und abgingen. Denn natürlich war der verbotene, der flüchtige Sex und waren all die Laster große Heiligtümer noch vor wenigen Jahrzehnten, jetzt sind sie nur noch große Banalitäten. Große Heiligtümer waren der verbotene, der flüchtige Sex und die Laster einst, wiederholte ich, diesmal etwas lauter. Zum Heiligen gehörte ja immer, ganz wie es auch in dem Buch steht, das ich kürzlich gelesen hatte, dass man das Heilige verdammte und verehrte gleichzeitig. Das Heilige war immer ganz doppelbödig. Natürlich stand die Frau, die in den Filmen um Feuer bat, für etwas Doppelbödiges, sie war Hure und Engel zugleich, Schande und Reinheit, so wie jeder Gott, recht besehen, ein strafender und gütiger zugleich ist. Diese Doppeldeutigkeit hält heute niemand mehr aus, man banalisiert heute die Frau, die in den Filmen um Feuer bat, oder man macht gleich ganz ernst und lädt sie zur Familienplanung ein.

In jedem Gott erkennt, der genau hinsieht, den Abglanz des Satans. Der verbotene, der flüchtige Sex und die Laster, gerade weil sie so doppelbödig, so magisch waren, gehörten zum Wagnis des Lebens. Zum Leben gehört der Sex heute insofern, als dass der Arzt einem mahnend sagt, der Geschlechtsverkehr sei gut für das Herz oder den Kreislauf oder für die allgemeine Lebensqualität. Man solle ruhig mal wieder ran usw.

Wir sind heute prüde, sagte ich, indem wir zu müde geworden sind selbst noch für die Prüderie. Das Unvernünftige ist seiner Magie entkleidet, die nackte, die reine Vernunft kann uns ungehindert in Ketten legen. Die Prostitution? Sie ist frauenverachtend! Alkoholverkauf in der Nacht? Verursacht Unfälle! Zigaretten? Sie sind ungesund und stinken! Romane schreiben? Schlecht für den Rücken! Lesen? Schlecht für die Augen!

Das Laster, sagte ich, hatte immer ein Argument für sich: Es war die Unvernunft selbst, die sich damit Bahn brach und die seit je ganz unökomisch war. Sie behinderte, zum Ärger aller Reformer, das kapitalistische Räderwerk. Eine Affäre, leidenschaftlich, unvernünftig, völlig kopflos angegangen, ließ den Angestellten während der wertvollen Arbeitszeit mit unterdrückter Unruhe aus dem Fenster blicken, statt zu arbeiten, anderntags verschlief er die erste Konferenz, zu lange hatte sein nächtliches Vergnügen angedauert. Und der Wein oder das Weizenbier in der Mittagszeit, die man sich heute verkneift, sorgten noch vor wenigen Jahren auch nicht gerade für den allergrößten Arbeitseifer. Sie waren überflüssig, waren Luxus, den man sich zu leisten heute schämt. Alles, was noch vor wenigen Jahren als mondän galt, gilt heute als schmutzig.

Wahrscheinlich aber, sagte ich der Frau, die mich gut kennt, als wir auf- und abgingen, sind die meisten Asketen insgeheim auf unglaublich vulgäre Weise lustfixiert, woher rühren sonst der Verbotswahn und die neue Sachlichkeit beim Sex? Die Asketen, sagte ich, sind in Wahrheit ganz sexversessen. So sehr, dass sie die Laster und den verbotenen, den flüchtigen Sex weit von sich weisen, wie es für gewöhnlich nur vom Geschlechtsdrang gepeinigte Priester tun. Man wehrt panisch den Teufel ab, der einen doch umklammert hält. Da, wo es am hellsten ist, herrschen insgeheim die Fäkalien, sagte ich noch.

So sehr, so schadhaft hatte ich mich in die Dinge hineingebohrt, dass ich ganz übersehen hatte, dass die Frau, die mich gut kennt, vor einem Paar in enganliegender Joggingbekleidung stehengeblieben war und mit ihm sprach, weshalb ich, die Peinlichkeit durch eine scherzhafte Geste überspielend, wieder einige Schritte zurücktun musste. Wie ich mit Verwirrung begriff, war es Monika, die gerade der Frau, die mich gut kennt, schnaufend einen, wie sie sagte, guten Freund vorstellte, den ich, wie ich mit Erschrecken begriff, bereits kennengelernt zu haben glaubte, was meine Verwirrung natürlich noch steigerte.

Er stellte sich mit einem sehr festen Händedruck vor und sagte »Andreas«. Auch ich nannte meinen Vornamen, verbeugte mich zum Scherz. Monika sagte rasch: Was für ein schöner Tag! – Ja!, sagte ich und ergänzte: Es wird jetzt ja auch noch ein schöner Abend. Ich zeigte auf den wolkenlosen Himmel. Ein lauer Abend!, sagte Andreas jetzt und ergänzte: So schön! Dabei lispelte er leicht, was aber keineswegs unsympathisch klang. Auch er schnaufte noch etwas vom Laufen. Sozusagen, sagte ich. Und jetzt lachten alle und wussten, wie mir schien, gar nicht recht, warum. Aber es gibt Situationen, die derart sehnlichst nach einer Pointe verlangen, dass gar keine schon eine ist.

Hierauf erstarb das Gespräch auch schon wieder, wir verabschiedeten uns auf nicht allzu übertrieben fröhliche Weise.

Es war ein knapper Brief nur, ein Geburtstagswunsch an Ingeborg Bachmann, der mit einem Aphorismus eines mit ihm befreundeten Schriftstellers schloss: Zuerst befreie jede Erfindung, dann versklave sie. Technik, schrieb Hannes Maria Wetzler, befreie zweifellos von den Begrenzungen des Körpers: Das Telefon überbrücke die räumliche Distanz zwischen den Menschen, die Stimme verschaffe eine Vertrautheit, auf die man zuvor wegen der Entfernung habe verzichten müssen. Der Zug habe wochenlanges Reisen auf wenige Stunden verkürzt, das Flugzeug gar monatelange Weltreisen. Die Technik, schrieb Wetzler, habe die Tränen des Abschieds versiegen lassen wie jene freudigen des Wiedersehens. Und er wisse nicht, wie sie, Ingeborg, darüber dächte, aber der Gedanke, dass er prinzipiell jeden jederzeit in wenigen Stunden erreichen könne, alte Geliebte, verflossene Freunde, erfülle ihn mit der allergrößten Trauer. Sie glaubten tatsächlich, die Narren, es sei ein Zeichen seiner Überheblichkeit, dass er sein Gehöft zu verlassen sich erspare.

Das Unerreichbare, das Endgültige, das Abgeschiedene vergangener Jahrhunderte sei vernichtet für immer, schrieb Wetzler. Wir lebten im Bewusstsein, dass uns nichts mehr zu trennen vermag – außer der Tod. Der Tod, schrieb er, sei damit auf eine unanständige Weise aufgewertet worden, nämlich als Zäsur. Wo vormals alles sanft im Sterben gelegen habe – nichts anderes sei doch Leben! (den Satz hatte Wetzler mit einem Filzstift eigens unterstrichen) –, da trete er uns heute wie ein ungeheurer Zufall entgegen.

Vom Abschied habe niemand mehr einen Begriff, schrieb er. Und er hoffe, sie, Ingeborg, ahne, welch Kompliment es sei, wenn er den Wunsch hiermit äußere, sie niemals in seinem Leben je wiederzusehen. Briefe seien ihm die einzig denkbare Form, den Kontakt noch aufrechtzuerhalten. Er werde an ihrem Geburtstag an die gemeinsame Wiener Zeit denken, schrieb Wetzler, daran, dass sie ihn, als er dem Wein eines Abends, ganz gegen seine Gewohnheit, allzu sehr zugesprochen hatte in der Josefstadt, auf derart kompromisslose Weise ins Hotelzimmer gelotst habe. Daran denke er überhaupt oft. Es sei der schamvollste und glücklichste Abend seines Lebens gewesen. Damals, als er noch unter den Menschen gewesen sei. Zuerst befreie jede Erfindung, schrieb er schließlich, dann versklave sie. Beigefügt war dem Brief an Ingeborg Bachmann, wie man heute weiß, übrigens der Sonderdruck eines kleinen, aber ungemein zornigen Essays, der die Romane Thomas Bernhards zum Gegenstand hatte und ihnen einen unpräzisen, effektheischerischen, verantwortungslosen Stil unterstellte – egal.

Ich las den Brief Wetzlers, der in Band zwölf der Gesamtausgabe in viel zu kleiner Schrift abgedruckt war, am Nachmittag. Der Kaffee, den ich mir kochte, ich war gerade erst aufgewacht, hatte etwas unangenehm Frivoles. Ganz missvergnügt trank ich den Kaffee, blickte aus dem Fenster hinaus in die Dämmerung (die Nachbarn hatten bereits das Licht angeschaltet in ihren Wohnungen) und dachte, dass Wetzlers Brief, wie eigentlich alle seiner Schriften, die allergrößte Aktualität hat. Wer heute in einen Zug steigt und sich verabschiedet, vermag Minuten später schon den Kontakt durch einen Anruf wiederaufleben lassen. Und wer sich lange nicht gesehen hat, der hat vorsätzlich den Kontakt ruhen lassen, nicht aus Not. Das Wissen um das beständige Sich-Melden-, Sich-treffen-Können macht den sprachlosen Rückzug eines jeden zum groben Akt und die Affäre zum heikelsten Unternehmen. Die Frage folgt dem Vergehen: Weshalb war dein Handy heute aus? Die Kehrseite des Zugewinns an Mobilität ist die Kontrolle. Die Befreiung von der Kontrolle ist nur um den Preis der Wunderlichkeit zu haben, die heute jedem mobil schwer Erreichbaren anhaftet.

Zuerst befreit jede Erfindung, dann versklavt sie. Mit dem Automobil erreichte man so bequem und lachend den blauen See, Jahre später lernte man dann den Stau kennen. Auf der Wanderung rief man vom Mobiltelefon die Freundin an, tauschte Liebesschwüre aus, eines Tages aber erreichte einen mit größter Selbstverständlichkeit auf der Berghütte auch die SMS des Vorgesetzten. Es sagen manche, man könne die Geräte ausschalten, doch ist der Gedanke, eine mögliche Neuigkeit, ein Bekenntnis, eine Katastrophe zu verpassen, schwer nur zu ertragen.

So saß auch der Freund, der erfolgreich etwas mit Kultur macht, wie er mir am Abend erzählte, vormittags vor seinem Smartphone und wartete auf eine Antwort. Unfähig, selbst auf die dringlichsten E-Mails zu antworten, saß er im Büro. Sein Festnetztelefon war auf Rufumleitung gestellt, die Anrufe landeten im Sekretariat bei Frau Brachfeld, die er gebeten hatte, stets stoisch zu behaupten, er sei in einer Besprechung, er rufe zurück. Er blickte auf sein Smartphone, das Display war schwarz, er wartete darauf, dass es sich mit dem tiefen, warmen Signalton aufhellte, der immer eine SMS ankündigte. Irgendwann, sagte er sich, müsse sich doch zumindest eine der beiden, Sabine oder die Französin, endlich erweichen lassen. Er öffnete das Bürofenster, blickte sinnlos hinaus auf die Straße, verfolgte mit unterdrückter Unruhe die vorüberziehende Tram, schloss es wieder, blickte wieder auf das schwarze Display, ging etwas im Flur auf und ab. Dann wieder sah er auf das schwarze und schwarz bleibende Display in seinem Zimmer, googelte abwechselnd den Namen von Sabine und den der Französin, betrachtete die Fotos, die sie auf ihren sozialen Netzwerken hinterlegt hatten, und bemerkte erstmals, dass sie sich eigentümlich ähnlich sahen, wenn man sich ausgiebig in die Bilder versenkte: diese großen und, wie ihm schien, bedrohlich intelligent wirkenden Augen.

Als er das Büro verließ, schaute er nun mindestens einmal in fünf Minuten auf das Display, und es war ihm, als müsse er daran irre werden. Der Französin und Sabine hatte er am Vortag die anrührendsten SMS geschrieben und auch in der besten Absicht, humorvoll und zerknirscht zugleich zu wirken, auf die Mailbox gesprochen, doch keine von beiden meldete sich.

Er stand schon vor seiner Wohnung, als er kurzentschlossen und in mittlerweile aufgewühltester Laune, gar nicht recht über seinen Entschluss nachdenkend, wieder kehrtmachte. Er trat zum kleinen Empfangsbereich seiner Kultureinrichtung. Und Andrea Brachfeld, ganz wie er es erhofft hatte, saß noch vor dem Rechner, auf ihren Knien lag aufgeschlagen ein Aktenordner, sie blickte erstaunt zu ihm auf. Ob er etwas vergessen habe? Das könne man schon so sagen, sagte er und blickte sie in alter Gewohnheit zweideutig an, was sogleich erwidert wurde.

Als sie die Betriebstoilette wieder verlassen hatten, die für derlei Zusammenkünfte an sich gar nicht eingerichtet worden war, fragte sie ihn, halb scherzend, wie er sie nur so lange habe vernachlässigen können, erzählte der Freund, der erfolgreich etwas mit Kultur macht, in der Bar, in der wir nach diesen seinen unheilvollen Vorkommnissen abermals saßen und die Lage beratschlagten. Noch immer, wie sich denken lässt, schien er um Jahre gealtert. Das Haar, als sei es gefärbt, war mit grauen Strähnen durchsetzt, er hatte abgenommen.

Alles nicht gut, sagte ich dem Freund am Tresen. Ich schüttelte den Kopf, nicht gut, das mit der Brachfeld, das hattest du dir doch vor zwei Jahren schon abgewöhnt. Nicht gut, wiederholte ich. Und ahnte natürlich gleich, auch da er sein Smartphone gezückt hatte und es kopfschüttelnd ansah, dass derlei Vorwürfe nicht zu ihm vordrangen an diesem Abend. Es sei doch, sagte ich, das Thema rasch wechselnd, kaum erinnerlich, wie das Leben noch vor wenigen Jahren vonstatten gegangen sei, als man nicht andauernd sein Handy anblickte. Die Knechtung durch das Handy merkt man doch recht stark in sämtlichen Liebesangelegenheiten. Wenn jede eingehende oder nicht eingehende Nachricht alles entscheiden kann.

In Südfrankreich sei es ihm, anders als Sabine, gelungen, die Geräte, auch sein Notebook, auszuschalten, sagte der Freund, der erfolgreich etwas mit Kultur macht. Er habe sich ganz in den Wetzler vertieft, in seinen letzten Roman »Auf dem Rücken der Pferde«. Immer habe er sich fragen müssen, weshalb ein so avanciertes Werk, womöglich das beste Werk der Nachkriegszeit, wenngleich es so unbekannt sei, einen derart unglücklichen Titel tragen müsse. Er schüttelte den Kopf, das sei Teil des Versteckspiels von dem Wetzler gewesen, klar. Es sei, wenn er sich nicht irre, nur an einer Stelle von einem Pferd überhaupt die Rede gewesen in dem Buch, und das nur indirekt, als unausgewiesenes Zitat aus einem ganz anderen Werk, das die Hauptprotagonistin Helene, welch verkommene Figur!, in einem ganz nebensächlichen Zusammenhang erwähnt habe.

Immer habe Wetzler dieses Versteckspiel veranstaltet, immer markante Sätze kopiert, mitunter aus seinem eigenen Werk, aus anderen Büchern, die er zuvor geschrieben habe, manchmal tauche ganz bewusst eine auf den ersten Blick unwichtige Wendung des Buches hundert Seiten später in einem anderen Zusammenhang wieder auf. Und das lange bevor man am Computer so bequem Textpassagen habe hin- und herkopieren können. In Südfrankreich, ja, da sei es ihm das letzte Mal gelungen, wie man so sagt, abzuschalten. Er denke sogar, dass die Missstimmung, die zwischen ihm und Sabine auf der Reise aufgekeimt sei, herrühre von seiner Fähigkeit, immerhin ab und an abschalten zu können, wozu Sabine ja gar nicht mehr fähig sei.

Oft, sagte ich, habe ich in letzter Zeit über die Technik nachdenken müssen, wie sehr die Technik doch, sagte ich, Gemeinschaften stifte und wie damit alles Weltabgewandte und Weltabgeschiedene, alles Distanzierte, alles Einsame zum Obskuren herabgewürdigt werde. Ganz klebrig, sagte ich, rückten die Menschen durch die Technik aneinander, immerzu hielten sie sich auf dem Laufenden über ihre Befindlichkeit, alles werde durch die Technik durchpsychologisiert. Technik, sagte ich, befördere einen Terror der Intimität, der uns überall entgegenschlage, in den Zügen ziehe man sich die Schuhe aus, auf der Straße werde gejoggt, noch die letzten Reste einer Trennung von Öffentlichem und Privatem würden niedergerissen. Alles, was distanziert, lässig und erotisch sei, werde bekämpft. Alles Pornographische, und dazu gehörten die beständigen Seelen- und Gefühlsoffenbarungen, denen man vor dem Fernseher wie im Freundeskreis heute schutzlos ausgeliefert sei, finde die größte Zustimmung; Gesellschaft werde durch Gemeinschaft ersetzt, Takt durch Aufdringlichkeit. Wir lebten, sagte ich etwas bitter, in glänzenden Zeiten.

Der Freund, das Thema keineswegs aufgreifend, sagte unvermittelt, er habe gestern als allerletztes Mittel, um die ungute Wendung, die sein Leben genommen habe, rückgängig zu machen, Sabine ein großes, seine finanziellen Möglichkeiten ausreizendes Geschenk gekauft, von dem er sich – die Lieferung stehe noch aus – die allergrößte Wirkung erhoffe.

Es handelte sich bei dem Geschenk, wie sich denken lässt, um ein Bild jenes Künstlers, der Sabine und den Freund, der erfolgreich etwas mit Kultur macht, vor Jahren gewissermaßen zusammengebracht hat. Oft hat der Freund in den vergangenen, düsteren Tagen daran denken müssen, erzählte er, wie ihn damals Sabine, als sie beide auf einer Vernissage wie ganz zufällig und in ernsthafter Versenkung gemeinsam vor einem Bild standen, das einen Raben am Strand zeigte, der auf eine ganz verlorene Weise vor wolkenverhangenem Himmel im Sand herumpickte, angesprochen hat. Wie Leonora Carrington, hatte Sabine damals nur gesagt. Ganz geistesabwesend und wie nur zu sich selbst, woraus sich aber rasch ein Wortwechsel entspann, zunächst Kunstgeschichtliches betreffend, der sozusagen umstandslos in eine langjährige Beziehung mündete.

Der Freund war, als er den Katalog der Galerie durchblätterte, erleichtert darüber, nicht nur tatsächlich ein aktuelles Bild des Künstlers darin abgedruckt zu finden, sondern ein, wie ihm schien, besonders heiteres. Das Meer war zwar, wie auf den meisten seiner Bilder, mächtig aufgewühlt, der Himmel zeigte die Wolken in großer Unruhe, doch die Hasen, die auf dem Strand herumtollten, hatten eindeutig etwas Lebensbejahendes, etwas der Zukunft Zugewandtes. Ihnen hafte, wie der Freund nach einigen Bieren in größter Ernsthaftigkeit sagte, mit ihrem strahlend weißen Fell etwas Engelhaftes, etwas Unschuldiges an.

Der einsame Gang durch die Menge, das Herumstreunen entlang den Steinen aus unterschiedlichsten Zeiten ist den Lesegewohnheiten des Intellektuellen eng verwandt. Dem Flaneur wie dem Intellektuellen haftet auf den ersten Blick Zerstörerisches an. Er zersetzt das, was er sieht oder liest. Nichts, was ihm begegnet, lässt er in Ruhe: Beim Anblick eines Prachtbaus hat er die Ruine vor Augen, in jedem Aufsatz wittert er Widersprüche. Auf den ersten Blick, so wurde einmal vom spanischen Philosophen José Ortega y Gasset angemerkt, scheint er ein Zerstörer, dem Metzger vergleichbar, stets die Hände voll von Eingeweiden der Dinge. Er macht aus allen Dingen ein Problem, aus jedem Stein und jedem Satz macht er ein Problem. Das aber ist das höchste Kennzeichen von Liebe. Denn er wundert sich, wo sich niemand wundert. Der Kalender des nutzlosen, des überflüssigen, des untüchtigen Flaneurs besteht aus lauter Festtagen. Der Andere, der ganz Andere, ist sein beständiger, ihm zahlenmäßig immerzu überlegener Feind.

Der Andere lebt in einer Welt, deren Dinge ein für alle Male sind, was sie zu sein scheinen. Ein neues Medium, ein Gedanke, ein technisches Gerät sind dem Anderen schon deshalb gut und erstrebenswert, weil sie sich auf dem Markt durchgesetzt haben – weil sie Zeitgenossenschaft atmen. Der Andere durchlebt nur den faulen Zauber seiner immerzu toten Gegenwart, sein Leben wird immer daraus bestehen, die Dinge so gut wie irgend möglich zu seinem Vorteil zu nutzen, zu handhaben. Dem Anderen ist der Intellektuelle ein Schmarotzer. Er ahnt, dass die Beschäftigung des Intellektuellen – das muntere Hinterfragen und Auseinanderlegen seiner Umwelt – kaum als Arbeit aufgefasst werden kann, kaum sich rückstandslos einspeisen lässt in den verzweckten Tauschhandel der Dinge. Er ahnt die empörende Nutzlosigkeit des Intellektuellen.

Der Intellektuelle muss nicht gebildet sein, um intellektuell zu sein, nicht die Bildung macht sein Wesen aus, nicht das enzyklopädische Wissen. Der Intellektuelle muss nicht ein offizielles Amt bekleiden, um intellektuell zu sein. Er muss nicht als Wissenschaftler oder als Künstler in Erscheinung treten. Er vermag es, sich auch in der Rolle des Weinverkäufers oder des Hausmeisters oder der Sekretärin einzurichten. Der Intellektuelle zehrt in seinem Leben vom Sich-Wundern über die Dinge und vom stolzen Zürnen über Missstände, er zehrt nicht vom Amt.

Der Intellektuelle ist das Gegenteil des Asketen, der den

Zufall zu verbannen sucht aus seinem Leben und der allem Zweckhaften huldigt. Der Andere plant mit Passion, der Blick des Intellektuellen geht ins Offene, er kennt keine Vorsehung, keine Zurichtung, kein mechanisches Handeln. Der Intellektuelle ist Erotiker, der Andere ist Pornograph, der Intellektuelle lässt sich verführen, der Andere vom traurigen Anblick des Immergleichen überwältigen. Der Genuss des Intellektuellen setzt dort an, wo die Selbstgeißelung des Anderen beginnt.

Der Intellektuelle, durch den Anderen in unserer Zeit mit großer Macht bedrängt, wird untertauchen wie der Taucher in die Tiefe, er wird Foren bewohnen, die von seinesgleichen aufgesucht werden. Wie ja auch die Bullenzüchter der Welt sich heute in geschlossenen Zirkeln austauschen oder die Hebammen über ihr Wirken.

Um die Intellektuellen, die Flaneure, die versunken Vor-sich-Hinlesenden ist es heute bestellt wie einst um die Mammuts, dachte ich, als ich eines müßigen Nachmittags einen Artikel über diese Tiere im Netz las. Zuletzt lebten die Mammuts, die eigentlich aus Afrika stammen, auf der Wrangelinsel ganz hoch im Norden, wo ihnen die arktischen Winde das Fell zerzausten. Der Meeresspiegel war angestiegen und hatte sie vom Festland getrennt. Das war so ein Glück, denn auf dem Festland wurden sie rasch ausgerottet, auf der kalten Insel aber, die man nur einen seligen Ort nennen kann, überlebte eine stolze Schar ihrer Art 5000 Jahre länger als anderswo auf diesem erbarmungslosen Planeten, der doch nur sehr von ferne, aus dem All, so unschuldig und so blau scheint.

Überschaubar war das Refugium der Mammuts, 7600 Quadratkilometer groß nur. Sie stapften oft, wie sich denken lässt, diese schweren Tiere mit ihren wundersam verbogenen, aber doch harmlosen Stoßzähnen, an die Küste und blickten stumm hinaus auf das eisige Meer, das um sie herum entstanden war, nicht ohne Schwermut. Ahnten sie, dass sie die Letzten waren? Man meint doch: Ja. Es spürt doch jede empfindsame Kreatur nicht ohne Würde die Leere, die um sie herum entsteht, erst zögerlich, dann mit Macht: der Theaterbesucher, dem das Theater geschlossen wird; der als Kuriosität verlachte Leser, der Büchner oder Kleist so begierig verschlingt wie ein hungriges Mammut das Gras seiner Weide.

Naturforscher haben herausgefunden und gemeldet, dass das Mammut, dieses lustig anzuschauende, zottelige, verwuschelte, friedliebende, dickbeinige Tier, sozusagen mit einem Schlag auf der Wrangelinsel ausstarb! Man rätselt, aber man ahnt es doch: Es muss der Mensch, dieser weitgehend unbehaarte Barbar, gewesen sein, der die Insel unterwarf mit seinen tückischen Speeren und Fallen ganz nach seiner Wesensart. Finster blickend war er zur Insel geraten auf kleinen, geschmückten Booten, wir kennen ihn ja gut, diesen räuberischsten aller Räuber.

Das Verschwinden der Tiere, dachte ich mir (und griff dabei eine Passage von Hannes Maria Wetzler auf, die wiederum eine Anspielung auf einen Aphorismus eines mit ihm befreundeten Schriftstellers war), ist überhaupt ein unvergleichlicher, ein schwerwiegender Tatbestand. Ihr Henker hat die Landschaft besetzt. Es gibt nur noch Raum für ihn. Das Entsetzen, dort einen Menschen zu erblicken, wo man zuvor ein Mammut hätte betrachten können, ist unermesslich.

28 SCHÖNHEIT

Das Unheil hatte sich entfaltet, als, trotz ausgiebigster Lüftung der Wohnung und allerlei Versöhnungsritualen, die Kopfschmerzen, unter denen Monika litt, einfach nicht abklingen wollten. Immer wieder fasste sie sich an die Stirn, stand vom Schreibtisch auf, ging laut klagend umher in der neuen Wohnung, die doch sehr geräumig war. Immer seltener war es ihr gestattet, sich konzentriert der dickbändigen Gesamtausgabe von Hannes Maria Wetzler, über den sie promovierte, zu widmen, ganz selten nur auch blätterte sie zerstreut in den bisher erschienenen Sammelbänden zu Werk und Wirkung des Schriftstellers, die sie aber ohnehin als für weitgehend belanglos empfand.

Es mochte sein, so erzählte es Stephan, dass sein Mitleid sich in Grenzen hielt, auch, da das Klagen seiner Freundin mit durchaus verletzenden Vorwürfen einherging. Mal lag der Grund für die Kopfschmerzen an Monikas schlechtem Schlaf, für den sie sein Schnarchen mitverantwortlich machte, dann wieder erinnerte sie mit einiger Schärfe daran, dass der Parkettboden mit Giften verseucht sei, da Stephan bei der Renovierung keinen Ökolack verwendet hatte, sondern eben nur handelsüblichen, dann wieder schob sie ihre Unpässlichkeit auf einen Besuch von Stephans Eltern, den man tatsächlich als einigermaßen misslungen zu bezeichnen die Berechtigung hat, da Stephans Mutter, Frau Karst, sich über das übliche Maß hinaus in Haushaltsangelegenheiten des jungen Paares hineinzumischen pflegte und etwa ohne Rücksprache ihr als veraltet scheinendes Geschirr entsorgte, das nun gerade Monika, auch da sie dieses gerade von ihrer jüngst verstorbenen Großmutter geerbt hatte, die ihr über alle Maßen lieb gewesen war.

Der Besuch, der sich über ein verlängertes Wochenende hinzog, gipfelte in einer lautstarken Auseinandersetzung, als Monika Frau Karst sonntagmorgens auf einer Leiter im Wohnzimmer erblickte. Frau Karst griff gerade nach einer Messingvase, die ganz oben auf dem Regal stand und welche sie, so jedenfalls die Vermutung Monikas, gleichfalls zu entsorgen gedachte, worauf Monika laut aufschrie, Frau Karst daraufhin, erschrocken wie sie war, auf der Leiter wankte, dann zitternd herabstieg, ihre zukünftige Schwiegertochter zur Rede stellte usw. Stephan, von zurückhaltender Natur, versuchte zu vermitteln und überhaupt dem ganzen Geschehen, auch da sein Vater von der Couch aus ungläubig zu den Konfliktparteien hinüberblickte, einen ganz beiläufigen und scherzhaften Anstrich zu verleihen, indem er laut »Kinder! Kinder!« rief und hektisch lachte.

Kurzum: Das Paar verstand sich nicht allzu gut. Vielleicht auch deshalb, da Stephan Anlass zu allerlei Vermutungen hatte über die ausgiebigen Spaziergänge, die Monika ihrer Kopfschmerzen wegen unternahm, und über die ausgesprochen häufigen abendlichen Treffen mit, wie sie sagte, Freundinnen – ein, wie ihm schien, überreiztes Ausgehverhalten, das, wie Stephan sehr wohl bewusst war, ihrem Gesundheitszustand ziemlich widersprach.

Wir wollen an dieser Stelle die an Zänkereien und Verwerfungen nicht eben arme Geschichte abkürzen: Monika, als sie eines Nachts nicht unaufgeregt Stephan ihre Schwangerschaft beichtete und rasch diese an sich frohe Botschaft präzisierte, indem sie, was Stephan kaum eine Überraschung sein konnte, diesem erklärte, dass er als Vater allerdings nicht unbedingt in Frage käme, war einigermaßen erstaunt, dass er, zwar auf ihre ausdrückliche Bitte hin, aber ohne auch nur eine Silbe zu sagen, sehr rasch einen Koffer packte und die gemeinsame Wohnung bis auf weiteres verließ.

Er war in der Folgezeit, nachdem er ein kleines Apartment angemietet hatte, nicht eben selten bei mir oder bei der Frau, die mich gut kennt, zu Besuch; zumeist recht schweigsam saß er zunächst herum, ab und an aufseufzend, dann aber doch, vor allem nach dem ihm zur Gewohnheit gewordenen Alkoholgenuss, die Ereignisse nach und nach rekapitulierend, wobei er, was der Frau, die mich gut kennt, und mir durchaus unangenehm war, in der allergrößten

Schwermut nicht versäumte, die Schönheit Monikas auszuschmücken, die ihm vielleicht jetzt erst, seitdem sie von ihm abgerückt war, aus Gründen, die sich ihm einigermaßen verschlossen, recht ins Bewusstsein gerückt war. Ja, er merkte gar ihn anrührende Eigentümlichkeiten ihres Körpers an, was das übliche Maß freundschaftlicher Redseligkeit durchaus sprengte (da war die Rede von allerlei aufreizenden Grübchen, von grazilen Fingern, einem Leberfleck rechts oberhalb ihres Bauchnabels usw.).

In den Wochen nach der Trennung habe es, wie um sein Unglück zu vervollkommnen, ungute Szenen im Architekturbüro gegeben, erzählte Stephan eines Abends. Ein Auftrag, den er erledigen wollte und für den er auch die beste Eignung im Büro vorweisen könne, sei, ohne dass er darüber vorab informiert worden sei, an einen Kollegen gegangen. Er habe sich, da sein Leben vielleicht ohnehin einen fatalistischen Anstrich hatte in dieser Zeit, lautstark mit seinem Chef angelegt, einen Aktenordner vor versammelter Mannschaft zu Boden geschmissen, sich an die Schläfe gefasst, geweint, worauf man allgemein mit betretenem Räuspern reagierte und er für seine Auftritte schließlich eine Abmahnung erhalten habe usw.

Nachdem Stephan an jenem Abend sich verabschiedet hatte, wobei man, da er sich etwas festgesetzt hatte, kurz zuvor mit einer an Unhöflichkeit grenzenden Direktheit auf die späte Uhrzeit verweisen musste, sagte ich zu der Frau, die mich gut kennt, dass, seitdem zwei meiner Freunde in Liebesangelegenheiten ungute Erfahrungen gemacht hätten, mein Sozialleben deutlich an Lebhaftigkeit gewonnen habe. Die Leute meldeten sich dann immer besonders rege, wenn sie unausgeglichen seien. Gestern erst habe der Freund, der erfolgreich etwas mit Kultur macht, in allergrößter Aufregung angerufen, da er an seinem Computer Bilder von der Französin und Sabines verglichen hat und ihm zuvor unbemerkt gebliebene Ähnlichkeiten der beiden Frauen aufgefallen waren, weshalb er sogleich, um seine Entdeckung zu vertiefen, ein Bier vorschlug in einer Bar, in der man trinken *und* rauchen darf.

Übrigens hat, sagte ich, auf grobe Weise das Thema wechselnd, Hannes Maria Wetzler nur ein einziges Mal direkt, und zwar in einem bewegenden Brief an Max Frisch, den ich heute Morgen noch einmal gelesen habe, die ihn über alle Maße plagende Bechterewsche Krankheit thematisiert. Ein Brief, sagte ich, der unter anderem den ewigen Makel des Menschen behandelt, seinen grotesken, seinen sündenbefleckten, begehrten und begehrlichen Leib, der zu Unförmigkeit neigt, zu Krankheit und zu kurioser Hässlichkeit, und der in der Hannes-Maria-Wetzler-Forschung kurzerhand als »Klagebrief« bezeichnet wird. Nur in der Nacht, schrieb Wetzler an Frisch, wenn sich die Schatten über ihn legten, habe er den Körper des Menschen, den Körper der Frauen zumal, je ertragen können. Welch sadistischer Gott müsse es nur gewesen sein, der seine Geschöpfe derart unvollkommen ausgestattet habe, dass sie in ewiger Scham und Ekel vor sich selbst nur existieren könnten. Und dass selbst die Schönheit, wenn sie einem begegne beim Menschen, was ja selten genug sei, der man heillos verfalle, schon deshalb gleichsam von zweifelhafter Natur sei, da sie schlechterdings aus freien Stücken gar nicht zu erlangen sei. Es gehöre zu diesem ihn seit je ungeheuer traurig stimmenden Menschengeschlecht, dass es zum Aufrichtig-Bewundern nur des Unverdienten fähig sei, ohne es sich einzugestehen: Talent, Abstammung, Schönheit vergöttere es im Stillen. Und immerhin eines dieser drei Geschenke des Zufalls dürfe er, Wetzler, für sich veranschlagen. Verdient aber sei nichts. Jedes Glück sei Glück nur, indem es vergangen sei. Jede Schönheit sei schön nur, da ihr der Verfall eingeschrieben sei. Wir könnten uns, schrieb Wetzler, sagte ich, einerseits Schönheit nur als Vollkommenheit denken. Versenkten wir uns in etwas Schönes, in ein schönes Gemälde, einen schönen Menschen, ein schönes Auto, fielen wir aus der Zeit. Es wäre sinnlos, an die Zwecke des Tages noch zu denken, wir seien ihnen entglitten, sie griffen nicht mehr nach uns, griffen uns nicht mehr an. Das Schöne zaubere uns den zeitlosen Einklang von Körper und Gedanken, von Äußerem und Innerem herbei. Einerseits. Andererseits sei die Schönheit nur als eine in Gefahr befindliche und somit als eine unvollkommene, da wiederum zeitliche, denkbar. Dieser unfassliche Widerspruch, dieser Riss der Schöpfung, sei schrecklich, sei der Ursprung jedes Begehrens.

Sie begreife nicht, sagte die Frau, die mich gut kennt, wie dies mit den Erlebnissen Stephans oder des Freundes, der erfolgreich etwas mit Kultur macht, in Verbindung zu bringen sei.

Das wisse ich auch nicht, sagte ich, ich sei nur abgeschweift.

Sie habe sich, sagte die Französin, gut eingelebt. Natürlich gebe es noch allerhand Wunderliches für sie in diesem Land. Mit übrigens zum Wunderlichsten gehöre, sagte die Französin, dass die Deutschen dächten, sie seien unter den Völkern in Europa besonders normal, durchschnittlich und ausgewogen. Sie seien aber, ohne dass sie es merkten, ausgesprochen eigenwillig und, ja, sie müsse schon sagen: extrem. Die Männer, sagte die Französin, schrieben ihr verträumte SMS, riefen an, stünden vor ihrer Tür noch nach Monaten, obgleich sie doch nur eine kurze Affäre mit ihnen gehabt habe, dass sie glauben müsse, hierzulande gehe es gleich immer um alles.

Der Freund, der erfolgreich etwas mit Kultur macht, habe, was sie sich niemals hätte erträumen lassen, wegen dieser kleinen Sache mit ihr sich gleich einen Riesenärger mit seiner Freundin eingehandelt. Ein alberner Knutschfleck habe ausgereicht, dass sie, die Französin, sich auf Tage unsicher in der Stadt gefühlt habe, da die Freundin ihr über den Freund, der erfolgreich etwas mit Kultur macht, per SMS ausrichten habe lassen, sie werde mit ihr sprechen müssen. Sie bestehe auf einer Aussprache. Einer Aussprache! Wo es doch gar keinen Anlass zum Sprechen gebe! Über Tage habe sie, die Französin, mit der Sorge verbracht, dass ihr aufgelauert werde.

Benjamin, ihr Deutschlehrer am Goethe-Institut, wiederum habe wegen ihr Frau und Kind verlassen, obgleich sie keineswegs danach verlangt habe. Zwei ziemlich unaufgeregte Nächte habe sie mit ihm verbracht. Die meiste Zeit über DVDs, alte Filme, die er so schätzte, im Bett mit ihm sich angeguckt. »Außer Atem« mit dem jungen Jean-Paul Belmondo von Godard habe sie sich, wegen allerlei Details, die erst, so der Deutschlehrer, beim zweiten Gucken sichtbar würden, sich zweimal hintereinander anschauen müssen. C'est tout!, mehr war da nicht. Nach der zweiten Nacht aber rief er nachmittags ganz aufgeregt an und sagte, er habe wegen ihr Frau und Kind verlassen! Wegen ihr! Ob er sie sehen, sie treffen könne? Sofort! Er habe einen Film ausgeliehen, den »Letzten Tango in Paris« mit Marlon Brando. Nein, habe die Französin da gesagt, nein, nein. Er schreibe ihr noch heute die längsten E-Mails auf Erden, die sie mittlerweile ungelesen lösche. Die Französin schüttelte ärgerlich den Kopf.

Philip, ihr Mitbewohner, sei kürzlich aus der WG gezogen, er habe ihr zu verstehen gegeben, sagte die Französin, dass er ihre Männerbesuche nicht mehr ertrage, er fühle sich verletzt, missbraucht, gedemütigt von ihr. Dabei habe sie ihm nur einmal, ganz flüchtig, am Waschbecken einen Wangenkuss gegeben.

Simon, eine Cafébekanntschaft, klingele jede zweite Nacht Sturm an ihrer Wohnung, nur weil sie aufgrund einer für ihren Geschmack etwas zu geschwätzigen nächtlichen Begegnung mit ihm davon abgesehen habe, ihn ein zweites Mal zu treffen. Auch habe ihr äußerst missfallen, dass er, da er es, als besonders natürlich empfinde, in größter Helligkeit sich mit ihr vergnügte wie auf einem Operationstisch. Sie, die Französin, bevorzuge eindeutig Dämmerlicht. Alles, was man nur in Schemen sehe, sei schön. Sie finde keinen guten Schlaf derzeit, dauernd klingele es, immer sage er, Simon, über die Türsprechanlage, er wolle nur kurz mit ihr reden. Reden! Weshalb, fragte die Französin, wolle er denn reden? Wieso wollten hier überhaupt immer alle so viel reden?

Nils, der Fotograf, den sie auf einer Party kennengelernt habe, habe zu ihrem Unglück ihre Adresse herausgefunden, schicke ihr seit vier Wochen immer dienstags und donnerstags Blumen. Immer genau zwanzig Rosen. Sie empfinde das als übertrieben, sagte die Französin, als ein etwas überlautes Signal. Schon da sie nach der ersten Lieferung bei Interesse sich selbstverständlich gemeldet hätte.

Die Begegnung mit Stephan sei (sie bitte um Verzeihung, sie wisse, er sei ein guter Freund von mir) ebenfalls ungut

ausgegangen. Nichts Amouröses habe der Begegnung ange-
hangen, sie sei gleichwohl für ihren Geschmack deutlich zu
intim, zu gefühlsschwanger, zu direkt, zu bekenntnisfreudig
gewesen. Über Stunden habe ihr Stephan von der Schönheit
seiner Exfreundin vorgeschwärmt, Eigentümlichkeiten ihres
Körpers erläutert, da sei die Rede von allerlei aufreizenden
Grübchen, von grazilen Fingern, einem Leberfleck rechts
oberhalb ihres Bauchnabels die Rede gewesen usw. Am
Ende der Begegnung habe sie ihn gar in den Arm nehmen
müssen, da er bebend geweint habe.

Mit dem Künstler schließlich, den sie auf einer Vernissage
kennengelernt habe, der übrigens (ach, das müsse sie mir bei
Gelegenheit noch ausführlicher erzählen) das Bild mit dem
Raben gemalt habe, das in der Wohnung von Monika und
Stephan hänge, habe sie tatsächlich drei ungemein lebhafte,
nicht uninteressante Abende verbracht. Er habe schließlich
gedroht, sagte die Französin, sich umzubringen, wenn sie
nicht bei ihm bleibe für immer. Er lebe, habe er ihr am Telefon gesagt, seit je an der Grenze von Leben und Tod, von
Meer und Land. Ihm sei es egal. Er sei bereit! Er sterbe!

Kompliziert!, rief die Französin mit einem Gesichtsausdruck aus, den man sich gar nicht entsetzt genug vorstellen
kann. Die Deutschen, sagte die Französin, was sie in keinem
Land der Welt bisher gesehen habe, machten gleich immer
ganz ernst in Liebesdingen. Das sei kurios! Ob ich ihr, da
ihr die Landessitten noch etwas unvertraut seien, erklären

könnte, was es mit diesem ihres Wissens in keinem Land der Welt üblichen Verhalten auf sich habe.

Das Gewicht, das man hierzulande auf Liebesangelegenheiten lege, der Mangel an Leichtigkeit, der sie so empörend präge, sagte ich, hänge mit zwei verpassten historischen Entwicklungen zusammen. Einerseits habe es kaum prächtige Höfe gegeben hierzulande, wo andernorts jeder Blick, jede Geste anspielungsreich und doppelbödig, verstellt und raffiniert gewesen sei (ich schloss einige Anmerkungen zu Versailles an) und man gewissermaßen durch diese Praxis das Spiel der Liebe habe erlernen können. Andererseits, sagte ich, hätten sich hierzulande erst ganz spät Großstädte herausgebildet. Beide Orte aber, die großen Höfe und die großen Städte, seien Voraussetzung gewesen für die Einübung des Amourösen, der Höflichkeit, der beiläufigen Verführung, der schillernden Fremdheit, auf der jede Erotik beruhe, des Takts. Auf Takt, sagte ich, reagiere man fatalerweise feindselig. Distanz halte man hierzulande für etwas Schlechtes, ja, man warne noch immer vor der Anonymität in den Großstädten, empfinde Verstellungskunst als verwerflich, habe einen an Wahnsinn grenzenden Glauben an die Authentizität von Gefühlsregungen, steigere sich ungut in alles hinein, sehe Versprechen, wo gar keine seien, usw.

Die Liebe, sagte ich, sei hierzulande nur sehr bedingt als Spiel zu betrachten, ein Blick, der zu lange auf jemandem hafte, werde beinahe schon als Heiratsantrag aufgefasst, im

Mindesten aber als Zudringlichkeit, als Angriff. Deshalb auch die wundersame Zögerlichkeit, mit der zunächst auf Avancen reagiert werde. Man ahne eben die Folgen: Sobald der Blick erwidert werde, beginne immer gleich ein heilloses Durcheinander, schon deshalb, da es gar keine rechte Form, keine Konvention gebe, eine Affäre als Affäre zu behandeln und nicht als große Liebe, sagte ich. Es gebe keinen Zauber des Flüchtigen. Hierzulande, sagte ich, sei jeder Kuss Ausdruck größter Liebe. Oder aber er zähle gar nichts. Es gebe kein Dazwischen. Deshalb all die Unausgeglichenheit.

Wirklich?, fragte die Französin.

Na ja, sagte ich, es gebe Ausnahmen, das sei pauschal dahergesagt, stimme nur in groben Zügen, sei nicht beweisbar, nur ein Erfahrungswert, der Einzelfall sei immer komplizierter, wie immer. Viele würden überhaupt widersprechen usw.

Jeder Kuss ist hier Ausdruck größter Liebe, wiederholte die Französin nach einer kleinen Pause. Wenn sie den Satz hin und her wende, müsse sie schon sagen: Das klinge viel schöner, als es sei.

Danksagung

Ohne zahlreiche Anregungen, Lektüren, Gespräche wäre dieses Buch nie entstanden. Ich bin vor allem zu Dank verpflichtet meinen Allernächsten, die während meiner Schreibphase mit großherziger Geduld meine Unausgeglichenheit und Zeitnot ertrugen. Ich danke den Ressortleitern des Feuilletons und der Chefredaktion der *ZEIT* für eine verständnisvoll und unbürokratisch gewährte Auszeit. Ich danke Gunnar Cynybulk und Michael Gaeb, die das Buch in gewohnt strenger und freundlicher Weise unterstützt und vorangetrieben haben. Dankbar habe ich die Werke E. M. Ciorans, Theodor W. Adornos, Jens Jessens, Michel Foucaults, Hannes Maria Wetzlers, Walter Benjamins, Jan Dietrich Reinhardts, Hannelore Schlaffers, José Ortegas, Nicolás Gómez Dávilas, Ingeborg Bachmanns, Robert Pfallers, Helmuth Plessners, Imre von der Heydts, Norbert Elias', Friedrich Nietzsches, Richard Sennetts, Ute Freverts gelesen, auf die teils offen, teils durch allerlei Anspielungen verwiesen wurde. Auch zur Vertiefung des hier Gesagten gilt es, folgende Titel, die mich

besonders angeregt haben, ausdrücklich als Quellen anzu-
führen:

Robert Pfaller: Das schmutzige Heilige und die reine Vernunft. Symptome der Gegenwartskultur. Frankfurt am
Main 2008.

Jan Dietrich Reinhardt: Alkohol und soziale Kontrolle. Gedanken zu einer Soziologie des Alkoholismus. Würzburg
2005.

Jens Jessen: Der Terror der Tugend. *DIE ZEIT*, 22.03.2007
Nr. 13. Ders.: Ein Hoch auf die Verschwendung. *DIE
ZEIT*, 19.10.2006 Nr. 43.

Imre von der Heydt: Rauchen Sie? Verteidigung einer Leidenschaft. Köln 2005.

E.M. Cioran: Vom Nachteil, geboren zu sein. Frankfurt am
Main 1979. Ders.: Die verfehlte Schöpfung. Frankfurt am
Main 1979.

José Ortega y Gasset: Der Intellektuelle und der Andere. In:
Gesammelte Werke. Band IV. Stuttgart 1978.

Richard Sennett: Verfall und Ende des öffentlichen Lebens.
Die Tyrannei der Intimität. Berlin 2008.

Wolfgang Schivelbusch: Lichtblicke. Zur Geschichte der
künstlichen Helligkeit im 19. Jahrhundert. München 1983.

Hannes Maria Wetzler: Werke in zwölf Bänden. München
1992.

ADAM SOBOCZYNSKI
Die schonende Abwehr verliebter Frauen
oder Die Kunst der Verstellung
230 Seiten
ISBN 978-3-7466-2626-0
Als E-Book erhältlich

Eine charmante Anleitung zum Durchtriebensein

Das Chamäleon ist sein Wappentier, Machiavelli sein Pate. Adam Soboczynski erzählt von Männern und Frauen, das schwierige Spiel des Lebens und die hohe Kunst der Verstellung mal blendend, mal mäßig beherrschen. Wir sehen Menschen in peinlichen und verführerischen Situationen wie sie jeder kennt: den jungen Aufsteiger in Gehaltsverhandlungen; die Frau, die beim Bewerbungsgespräch nach ihren eigenen Schwächen gefragt wird; den Professor im nicht rein wissenschaftlichen Austausch mit einer Kollegin. All diese Lebenslagen kommentiert Adam Soboczynski mal mit dem Esprit eines Charmeurs, mal mit der Strenge eines Zuchtmeisters, mal mit der Zärtlichkeit eines liebevollen Erzählers. Er selbst erweist sich so nicht nur als ein Meister der Verstellung, sondern als ein großer Künstler des Worts.

Mehr Informationen erhalten Sie unter www.aufbau-verlag.de
oder in Ihrer Buchhandlung

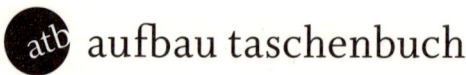

aufbau taschenbuch

VOLKMAR NEBE & RALF PINGEL
Männer können auch anders
Roman
235 Seiten
ISBN 978-3-7466-2769-4
Auch als E-Book erhältlich

So ticken Männer?

Unterschiedlicher könnten sie gar nicht sein: Mike schlägt sich in Köln mit Gelegenheitsarbeiten durch, während Tobias in Hamburg als Medienberater das Geld nur so zu scheffeln scheint. Im Zug vertauschen die beiden versehentlich ihre Laptops – und öffnen neugierig die Dateien des anderen. Aus dem Streit über die Rückgabe der Computer entwickelt sich eine seltsame Freundschaft. Tobias versucht Mike zu erklären, wie er die Liebe seines Lebens erobern kann – und Mike will Tobias beibringen, dass Geld nicht alles ist. Dann macht Mike sich auf, Tobias zu begegnen – und eine Überraschung jagt die andere.
Intelligent und wunderbar komisch – ein E-Mail-Roman, in dem zwei Männer sich gegenseitig die Welt und die Frauen erklären.

Mehr Informationen erhalten Sie unter www.aufbau-verlag.de
oder in Ihrer Buchhandlung

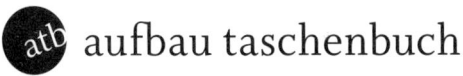

aufbau taschenbuch

HANS WAAL
Die Nachhut
Roman
373 Seiten
ISBN 978-3-7466-2558-4

»*Hochkomische Szenen, kluge Reflexion.*« MITTELDEUTSCHE ZEITUNG

Als 60 Jahre nach Kriegsende der letzte Büchsenöffner abbricht, kommt es im unterirdischen Bunker nahe Wittstock zur Meuterei: Die Disziplin von Josef, Otto, Konrad und Fritz ist aufgebraucht, und sie beschließen den Ausstieg. Ans Tageslicht treten vier merkwürdig uniformierte Gespenster der Vergangenheit, nach denen schon bald gefahndet wird. Gejagt von Polizei, Psychologen und Medien wollen sich die Opas bis zur »Reichshauptstadt« durchschlagen, um neue Befehle zu empfangen.

»*Eine scharfe Satire, wie sie geschichtsträchtiger und aktueller nicht sein könnte. Sehr lesenwert!*« RADIO FRITZ, RBB

Mehr Informationen erhalten Sie unter www.aufbau-verlag.de
oder in Ihrer Buchhandlung

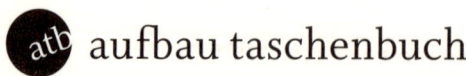

atb aufbau taschenbuch

MURAT TOPAL
Das Dach kommt später
Roman
251 Seiten
ISBN 978-3-7466-2856-1
Auch als E-Book erhältlich

180 m² beste Comedy

»Fenster werden ja komplett überschätzt.« Spätestens, als Murat
diesen Satz von seinem Bauleiter hört, fragt er sich, ob er die richtige
Entscheidung getroffen hat. Vielleicht hätte trotz des Babys die Zweizimmerwohnung gereicht? Aber wie sagt sein schwäbischer Schwieger-
vater immer: Warum ein altes Haus kaufen, wenn man ein neues bauen
kann? Eben! Murat beschließt, all jene eines Besseren zu belehren, die
meinen, wer knietief im Dispo watet, sollte nicht nach den Sternen
greifen. Doch Hausbau und Wahnsinn liegen nah beieinander.
Murat Topal, »der Star am Comedy-Himmel« (Welt) und stolzer
Eigenheimbesitzer, berichtet vom (Alp-)Traum eines Familienvaters,
seinen Lieben ein Haus zu bauen.

Mehr Informationen erhalten Sie unter www.aufbau-verlag.de
oder in Ihrer Buchhandlung

atb **aufbau taschenbuch**